JN295402

やさしいスチューデントトレーナーシリーズ
8

コンディショニング

社団法人
メディカル・フィットネス協会 監修

小柳磨毅 編
武内信幸
田中利明
前田為康
鉄口宗弘

嵯峨野書院

監修にあたって

　文部科学省では，平成6年度より日本体育協会公認の「アスレティック・トレーナー」の資格認定試験を行っております。現在，約500名がこの資格認定者として活躍していますが，資格取得の合格率は20％前後と低く，難易度が高いものであります。

　そのため，メディカル・フィットネス協会は，多くの地域スポーツ現場で活躍する人材を育成するため，また，アスレティック・トレーナーを取得するための基礎的な知識として「スチューデントトレーナー」という資格認定制度を作成しました。メディカル・フィットネス協会認定スチューデントトレーナーとは，スポーツトレーナーとしての専門的な知識，技術を習得した指導者に与えられる資格であり，トレーナー活動を通じて幅広くスポーツ選手のサポートをするのに必要な資格といえます。

　本書は，スチューデントトレーナー認定試験の内容に準拠し，それぞれの分野に精通しておられる大学教授の先生方に編集をお願いし，①スポーツ社会学，②スポーツ心理学，③スポーツ生理学，④スポーツ医学，⑤スポーツ栄養学，⑥スポーツ指導論，⑦アスレティック・リハビリテーション，⑧コンディショニング，⑨テーピング，⑩スポーツ傷害と応急手当の全10巻に取りまとめたものです。

　21世紀は予防医学，健康管理の時代であり，メディカル・フィットネス協会はこの課題に対し，現在，①市町村，職場，学校等の健康増進プログラムに対するサポートとしての「健康支援事業」，②健康ケアトレーナーおよびスチューデントトレーナーの資格認定などを行う「教育事業」，および③社会人・大学・高等学校・中学校等のスポーツ系クラブへの指導者の派遣などを行う「スポーツ事業」を，特に健康づくりと支援体制に必要な人材養成を重点的に推進しています。

　最後に本書がこれらの方々に広く活用され，スポーツの発展に役立てられることを期待しています。

2002年4月1日

社団法人 メディカル・フィットネス協会

はじめに

　スポーツは体力の保持・増進，健康管理，競技，レクリエーション等の多様な目的で行われ，心理的効果も大きく，現代社会において重要な役割をしめている。特に勝敗や記録にこだわる競技スポーツでは，身体の許容量の限界に近いハードなトレーニングを積み，目標とする大会に挑む。大会前の調整でコンディションをベストの状態に保つことがよい結果を生み出すことになる。

　日常の疲労の蓄積が疼痛などの「使いすぎ症候群」を生じて，試合当日に練習の成果を発揮できないこともよくある出来事である。このようなことを少しでもなくすためにコンディショニングは重要なものになってくる。トレーニング後のすみやかな疲労の除去や柔軟性の回復等がコンディショニングの重要な要素である。

　ボブ・アンダーソンがストレッチングを紹介して20数年がたち，現在では小学校や中学校での体育，または少年スポーツから家庭婦人スポーツにいたるまでストレッチングが普及していることは喜ばしいかぎりである。しかし，目的とする筋肉をしっかりと伸張するためのもっとも効果的で正しいストレッチングが行われないために，疲労がとれなかったり，痛みが生じてしまうこともある。また，ストレッチングだけでとれない疲労もあり，アイシングやマッサージ等をうまく組み合わせて，コンディションを調整することが重要である。

　本書はストレッチングをメインに，PNF，スポーツマッサージやアイシングなど，写真を使い，わかりやすく解説している。

　スポーツ選手や監督，コーチ，またはトレーナーをめざす人の参考書として本書が活用され，記録の向上や障害の予防に少しでも役立てば幸いである。

　ストレッチングについては，数多くの成書が出版されている。同じ部位のストレッチングでも多くのバリエーションのストレッチポーズがあり，中には難しいポーズや，傷害を負っていると行わない方が良いポーズが紹介されていることがある。本書では少年野球等の子供から，中・高生の選手や社会人に至るまで行うことができるストレッチポーズをとりあげた。また，2人組ストレッチング，PNF，マッサージ等に関しても指導者やトレーナーの基礎知識として，ぜひマスターしていただきたい。

2002年4月1日

小　柳　磨　毅

● 目　次 ●

監修にあたって …………………………………………………… i
はじめに …………………………………………………………… iii

第1章　コンディショニング　　　　　　　　　　　　　　　　1

1　コンディショニングとは ……………………………………1
2　コンディショニングの5本柱 ………………………………2
3　コンディショニング・プログラム …………………………4
4　総合的視野でのコンディショニング ………………………5
　　まとめ …………………………………………………………7

第2章　ストレッチングの実際　　　　　　　　　　　　　　　8

1　ストレッチングとは …………………………………………8
2　ストレッチングを正しく行う方法 …………………………9
3　ストレッチングの基本型 ……………………………………10
　　（1）　下肢のストレッチング　（11）
　　（2）　腰・体側のストレッチング　（18）
　　（3）　上肢のストレッチング　（21）
　　（4）　首のストレッチング　（25）
4　パートナーズストレッチングフォーム ……………………27
　　（1）　下肢・体幹のストレッチング　（28）
　　（2）　上肢・肩のストレッチング　（34）
　　（3）　首のストレッチング　（37）
　　まとめ …………………………………………………………40

第3章　PNFの実際　　　　　　　　　　　　　　　　　　　41

1　はじめに ………………………………………………………41
2　PNFの基礎知識 ………………………………………………41
　　（1）　ファシリテーション・テクニックとは　（42）

（2）PNF テクニックとは　　（42）

3 PNF テクニックの論法と論議 ……………………………………43
　　　（1）PNF 施行時の一般的注意事項　　（43）
　　　（2）PNF の問題点　　（43）

4 PNF の基本テクニック ……………………………………………44
　　　（1）用手接触（マニュアルコンタクト）　　（44）
　　　（2）伸張（ストレッチ）　　（44）
　　　（3）牽引と圧縮　　（45）
　　　（4）最大抵抗　　（45）
　　　（5）タイミング　　（45）
　　　（6）強調のタイミング　　（46）
　　　（7）実施上のチェックポイント　　（46）

5 特別なテクニック …………………………………………………46
　　　（1）リピーテッド・コントラクション　　（47）
　　　（2）スロー・リバーサル　　（47）
　　　（3）リズミック・スタビリゼーション　　（48）
　　　（4）コントラクト・リラックス　　（48）
　　　（5）ホールド・リラックス　　（48）

6 PNF のパターン ……………………………………………………49
　　　（1）PNF のパターンについて　　（49）
　　　（2）共同運動の組み合わせ　　（50）

7 PNF 治療テクニック ………………………………………………53
　　　（1）頸部から体幹上部の PNF　　（53）
　　　（2）肩関節から上腕の PNF　　（54）
　　　（3）肘・手関節の PNF　　（56）
　　　（4）体幹下部の PNF　　（57）
　　　（5）股関節から大腿部の PNF　　（58）
　　　（6）膝関節の PNF　　（59）
　　　（7）下腿から足部の PNF　　（60）

　　ま　と　め …………………………………………………………62

第4章　関節モビリゼーションの実際　　63

- **1** はじめに …………………………………………………63
- **2** モビリゼーションの基礎知識…………………………64
  - （1）　基本的な関節の動き　（64）
  - （2）　滑り運動と関節面構造との関係　（64）
  - （3）　生理的な動きと補助的な動き　（65）
  - （4）　関節の静止状態　（65）
- **3** モビリゼーションの基本原則…………………………65
  - （1）　基本原則　（65）
  - （2）　モビリゼーションテクニックの主な指標　（66）
- **4** 一般的注意事項 …………………………………………66
- **5** 四肢に用いるテクニック ………………………………67
  - （1）　上肢へのテクニック　（67）
  - （2）　下肢へのテクニック　（73）
- ま と め …………………………………………………80

第5章　スポーツマッサージの実際　　81

- **1** スポーツマッサージの基礎理論 ………………………81
  - （1）　マッサージの定義　（81）
  - （2）　スポーツマッサージの目的　（81）
  - （3）　スポーツマッサージの生理作用　（82）
  - （4）　スポーツマッサージの基礎解剖　（82）
- **2** スポーツマッサージの原則……………………………86
  - （1）　スポーツマッサージの基本知識　（86）
  - （2）　スポーツマッサージの注意事項　（86）
  - （3）　スポーツマッサージの禁忌事項　（87）
- **3** スポーツマッサージの基本手技 ………………………88
  - （1）　軽擦法：軽くなで，さする方法　（88）
  - （2）　揉捏法：もみ，こねる方法　（90）
  - （3）　叩打法：軽くたたく方法　（92）
  - （4）　強擦法：強くさする方法　（94）

　　　　（5）　圧迫法：おす方法　（94）

　　　　（6）　振戦法：ふるわせる方法　（95）

　4　スポーツマッサージの実際……………………………………………96

　　　　（1）　全身スポーツマッサージの実際　（96）

　　　　（2）　局所スポーツマッサージの実際　（96）

　　　　（3）　オイル使用によるスポーツマッサージの実際　（96）

　　　　（4）　パウダー使用によるスポーツマッサージの実際　（97）

　　　　（5）　氷によるスポーツマッサージの実際　（98）

　5　目的別スポーツマッサージの方法……………………………………98

　　　　（1）　試合（練習）前でのスポーツマッサージ　（98）

　　　　（2）　試合（練習）中でのスポーツマッサージ　（99）

　　　　（3）　試合（練習）後でのスポーツマッサージ　（99）

　6　アスレティック・リハビリテーションでのスポーツマッサージ…99

　　　　（1）　骨折　（99）

　　　　（2）　捻挫　（99）

　　　　（3）　脱臼　（99）

　　　　（4）　打撲　（100）

　　　　（5）　挫傷　（100）

　ま　と　め………………………………………………………………101

第6章　アイシングの実際　　102

　1　アイシングの基礎理論……………………………………………102

　　　　（1）　アイシング（クライオセラピー）：外傷と応急処置　（102）

　　　　（2）　アイシングの定義　（102）

　　　　（3）　アイシングの目的　（102）

　　　　（4）　アイシングの生理作用　（103）

　2　アイシングの原則…………………………………………………103

　　　　（1）　アイシングの基礎知識　（103）

　　　　（2）　スポーツ現場でのアイシングの適応と禁忌　（104）

　　　　（3）　アイシングの注意事項　（104）

　3　アイシングの実際…………………………………………………105

    　　（1）アイシングの基本方法　（105）
    　　（2）アイシングの応用方法（部分・半身・全身）　（109）
  4 目的別アイシングの方法 …………………………………………………109
    　　（1）試合（練習）前でのアイシング　（109）
    　　（2）試合（練習）中でのアイシング　（110）
    　　（3）試合（練習）後でのアイシング　（110）
  ま　と　め ……………………………………………………………………111

第7章　コンディショニングのための測定法　　112

  1 形態測定法の実際 ………………………………………………………112
    　　（1）はじめに　（112）
    　　（2）形態測定について　（112）
    　　（3）長育関係項目の測定方法　（114）
    　　（4）周育関係項目の測定方法　（117）
    　　（5）量育，幅育関係項目の測定方法　（119）
    　　（6）体組成について　（120）
  2 体力測定法の実際 ………………………………………………………123
    　　（1）はじめに　（123）
    　　（2）筋力の測定　（124）
    　　（3）筋持久力の測定　（124）
    　　（4）敏捷性の測定　（125）
    　　（5）瞬発力　（126）
    　　（6）柔軟性　（127）
    　　（7）ウィンゲートテスト　（128）
    　　（8）全身持久力の測定　（128）
  ま　と　め ……………………………………………………………………133

  重要語句集 ……………………………………………………………………134

第1章

コンディショニング

1 コンディショニングとは

　トップアスリートになるには当然素質が絶対条件ではあるが，それを発掘する方法はまだまだ体系化されていない。そこで改めてコンディショニングについて考えてみたい。

　一昔前までコンディショニングといえば試合のための調整としか考えられていなかった。「コンディショニング不足」という言葉も試合の結果が悪かったときや，十分練習ができずに試合に臨んだときに使われる。確かに調整という言葉も正しいが，それは単に試合に対する体調の善し悪しを意味するに過ぎない。しかし本来のコンディショニングとは，先に述べたスポーツのパフォーマンスを高める要素や要因を意味する。

　コンディショニングには，身体的，防衛的，精神的，栄養，休養という5つの大きな柱がある。これらの柱が全て満足できる状態にあることがベスト・コンディションと言える。「コンディショニング不足」は，5本の柱が満足できるレベルに到達していないということになる。

　コンディショニングとは体系立てたプログラムにのっとり，5本の柱を確実に太くて強いものにしていくことである。これは家を建てることと同じである。太くて強い柱を使えば強い地震が来ても十分耐えられ長持ちする。スポーツ・パフォーマンス向上のために必要な5本の柱を全てレベルアップし，高いレベルに到達させる。それがコンディショニングである。

コンディショニングの5本柱
・身体的な面
・防衛的な面
・精神的な面
・栄養
・休養

2 コンディショニングの5本柱

　コンディショニングの5本柱(図1-1)のうち，1本目の柱である**身体的な面**は，筋力，スピード，持久力，柔軟性，調整力など実際のトレーニングや練習に関わるものである。今までは体力という言葉が使われていた。この身体的な面が素材として取り扱われ，将来性についてもこの能力で評価される。　　　　　　　　　　　　　　身体的な面

　2本目の柱である**防衛的な面**は，からだの抵抗力や免疫力である。風邪をひきやすいとか，暑さや寒さに弱いとか，すぐにお腹をこわすといったことである。　　　　　　　　　　　　　　　　　　　　　　防衛的な面

　3本目の柱である**精神的な面**は，緊張して上がりやすいとか，練習には強いが試合には弱いとか，枕が変われば眠れないとか，周囲のプレッシャーに弱いといったもので，本番でいかに力が出せるかの最大のポイントになる。　　　　　　　　　　　　　　　　　　　　　　　　精神的な面

　4本目の柱である**栄養**は，偏食や栄養のアンバランス，定期的な食事，トレーニングに見合ったカロリーの摂取などの問題である。　　　　栄養

　最後の5本目の柱である**休養（回復）**は，練習やトレーニングに合わせて，積極的および消極的のいずれにおいていかに取り込んでいくかということである。　　　　　　　　　　　　　　　　　　　　　　休養（回復）

　以上の5本の柱を見ると，からだを作り，技を習得して試合で100％の力を発揮するために，どれも欠くことができないことがわかる。しかし，ただ筋力を高めるとか持久力を高めるとか技術練習だけに関わるとかいうように，コンディショニングの身体的な2,3の要素しか改善・開発に取り組んでいないのが現状である。それでは試合で勝ったり最高のパフォーマンスを発揮することは無理である。

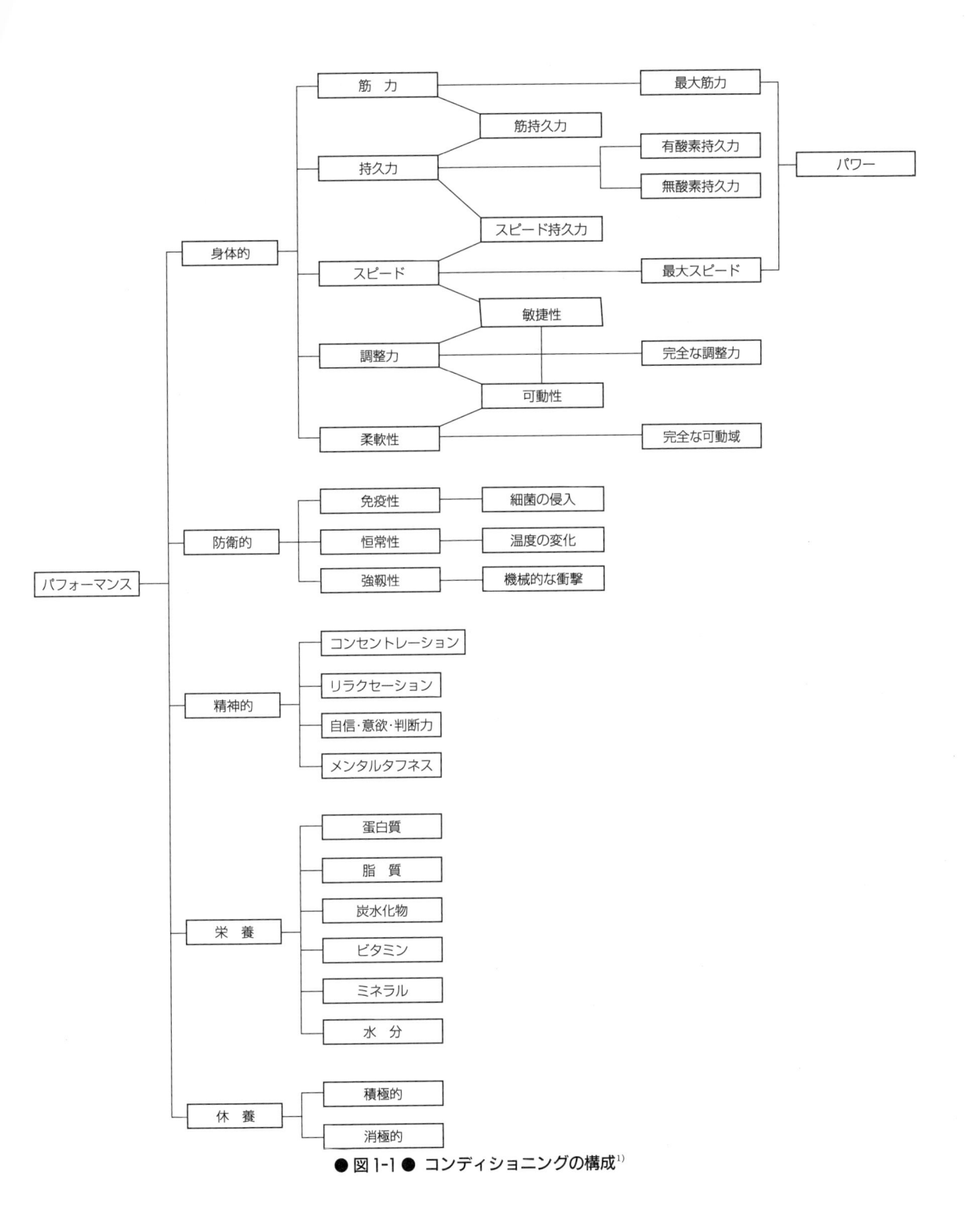

```
                                    ┌─ 筋 力 ──────────┬─ 最大筋力 ─┐
                                    │        ┌─ 筋持久力 │           │
                                    ├─ 持久力 ┼─────────┼─ 有酸素持久力 │
                                    │        │         └─ 無酸素持久力 ├─ パワー
                          ┌─ 身体的 ─┤        └─ スピード持久力          │
                          │         ├─ スピード ─────────┬─ 最大スピード ─┘
                          │         │        ┌─ 敏捷性 ─┐
                          │         ├─ 調整力 ┼─────────┼─ 完全な調整力
                          │         │        └─ 可動性 ─┘
                          │         └─ 柔軟性 ──────────── 完全な可動域
                          │
                          │         ┌─ 免疫性 ── 細菌の侵入
                          ├─ 防衛的 ─┼─ 恒常性 ── 温度の変化
                          │         └─ 強靭性 ── 機械的な衝撃
                          │
                          │         ┌─ コンセントレーション
             パフォーマンス ┼─ 精神的 ─┼─ リラクセーション
                          │         ├─ 自信・意欲・判断力
                          │         └─ メンタルタフネス
                          │
                          │         ┌─ 蛋白質
                          │         ├─ 脂 質
                          ├─ 栄 養 ─┼─ 炭水化物
                          │         ├─ ビタミン
                          │         ├─ ミネラル
                          │         └─ 水 分
                          │
                          └─ 休 養 ─┬─ 積極的
                                    └─ 消極的
```

● 図1-1 ● コンディショニングの構成[1]

3 コンディショニング・プログラム

　コンディショニングについてもう少しわかりやすく説明すると，「選手のパフォーマンスを高めるためにどうすればよいか」ということである。そのためにまず先に挙げた5本の柱についての調査が必要である。身体的な要素からは，その選手の**タレント性（運動能力に関わる将来性，素質，素材）** を見る。このテストには筋力，持久力，柔軟性，パワーなどの要素が含まれる。テストによってその選手の身体的な面から筋力は十分開発されているか，スピードはあるのか，そしてどんな能力に優れ，どんな能力が不足しているのかがわかる。長所，短所を知り，それらの改善プログラムを作成する。これがコンディショニング・プログラムである。単純にトレーニング・プログラムと考えてしまうことは間違いである。

　コンディショニング・プログラムを作成するには，タレント性のテストの結果とその選手の性別，年齢(特に骨年齢)，競技歴，環境などが関係し，それによって1〜4年間の長期計画を立て，各年度毎に達成可能な目標を立てる。そしてその1年間の中で期分け（ペリオダイゼーション）をして月間プログラムを，最終的に週間プログラムを立てることになる。

　身体的なテストと評価，改善目標の設定と各サイクル毎のプログラムが作成されたら，精神的，栄養，休養の面でも同様な手順でテストを行う。そして身体的な能力の開発と並行して段階的に精神的な能力を高めていく。このことはメンタル・コンディショニングと呼ばれたりする。メンタル・コンディショニングにはイメージ・トレーニングも含まれ，テクニックの修正や集中力を高めることにつなげられる。栄養面については食事・トレーニング・休養（回復）の関係が大切である。競技の特性，強化期・移行期・試合期といった期分けに応じた食事の内容と量が問題になる。特にオーバーユースによる筋や骨の障害は，栄養のアンバランスや蛋白質の不足でトレーニングや練習に耐えられる状態まで発達

していないことから起こる場合が多い。残りの防衛面については，適切な食事，トレーニング，休養を継続することで，体質改善が図られ自然に抵抗力・免疫力が強化される。

　コンディショニングに関しては，身体的な面だけについても筋力，持久力，スピード，調整力，柔軟性などの改善が必要になり，その方法についても熟知していなければならない。そのためにはあらゆる競技のコンディショニング・プログラムが作成できる知識と実践・応用力が必要である。コンディショニング・プログラムは，生理的およびバイオメカニカル的な面から考えれば基本的な考え方は全て同じである。

4 総合的視野でのコンディショニング

　わが国の指導者の多くは，あまりにもコンディショニングの身体的な面の一部，つまり技術の練習に多くの時間をかけすぎる。そのために選手の身体的な能力のバランスが崩れ，からだの動きは硬いが筋力とかスピードだけは極端にアップしたりする。このようなプログラムでも初期の段階ではレベルアップが見られるが，ある時期から打ち破れない「壁」となる「**プラトー現象**」が現れる。これは基礎的なトレーニングを無視して目先の結果に走るために，ほとんどスキルや技術練習に時間を費やしてしまうからである。この結果は身体的なバランスを崩し，オーバートレーニングに陥り障害を引き起こす。もっと広い目でコンディショニングを，またトレーニングを考え，バランスのとれたからだづくりを基盤にすべきであり，一般的なトレーニングと専門的なトレーニングの違いと活用方法・時期・段階を理解すべきである。

> プラトー現象

　コンディショニングは単に身体的なトレーニング・プログラムではなく，コンディショニングの5本の柱について，**誰が（Who），なぜ（Why），いつ（When），どこで（Where），何を（What），どのように（How）**するのか，プログラムに取り組む前に選手と指導者のコミュニケーションを重ね，理解することが必要不可欠である。プログラムの作成には非常に多くの基礎資料と時間を必要とする。またプログラム

の指導だけでなく，管理と定期的な修正も行わなければならない。

　コンディショニングは，考えれば考えるほど宇宙のように大きな広がりを持っている。しかし正当性を持った理論の中から課題遂行の方策を見つけ出せれば，いろいろなアプローチができる。そうしたアプローチから素晴らしいアスリートが育つ。そしてコンディショニングの概念はフィットネスとして一般人の健康問題にも取り込むことができる。最近ではアスリートの競技力向上のみならずリハビリテーションやフィットネスの指導までコンディショニングの考え方が導入されている。

【参考文献】
1）魚住廣信「コンディショニング再考」 *National Strength and Conditioning Association Japan Journal* Volume 1, Number 1, pp. 42-45, 1994.

まとめ

1. コンディショニングの5本柱
   - 身体的な面（筋力，スピード，持久力，柔軟性，調整力）
   - 防衛的な面（からだの抵抗力，免疫力）
   - 精神的な面
   - 栄養
   - 休養（回復）

2. コンディショニング・プログラムを作成するには，
   - タレント性（運動能力にかかわる将来性，素質，素材）
   - 選手の基本データ（性別，年齢，競技歴，環境）

   についてまず調べる。次に，
   - メンタル・コンディショニング
   - 食事（栄養）
   - 休養（回復）

   についても検討していく。

3. 「プラトー現象」とは，身体的な面だけをトレーニングした場合に起こる「壁」である。コンディショニングはもっと広くとらえるべきものであり，「誰が」「なぜ」「いつ」「どこで」「何を」「どのように」行うか，選手と指導者が理解し合っていることが大切である。

第2章 ストレッチングの実際

1 ストレッチングとは

　ストレッチングとは伸張運動のことで，柔軟体操の一種である。「イチ・ニー・サン」と号令をかけて，反動をつけて行う柔軟体操もストレッチングであり，反動をつけずにゆっくり筋肉を伸ばしていく柔軟体操もストレッチングなのである。反動をつけて行う柔軟体操のことを**バリスティック・ストレッチング**（Ballistic stretching）といい，反動をつけずにゆっくり痛みが伴わないところで，15秒〜1分程度静止して行う柔軟体操のことを**スタティック・ストレッチング**（Static stretching）という。

> バリスティック・ストレッチング
>
> スタティック・ストレッチング

　筋肉中には，筋紡錘という筋肉の長さを調整する器官があり，筋肉が急に強い力で引き伸ばされようとすると筋紡錘が働き，それ以上筋肉が伸びて傷害を引き起こさないように，反射的に筋肉を収縮させる。この反射のことを**伸張反射**という。

> 伸張反射

　「イチ・ニー・サン」と号令をかけて行うバリスティック・ストレッチングは，この伸張反射が起きやすく，そのため種々の弊害も多く発生する。その弊害をおぎなうために，伸張反射が起きにくいスタティック・ストレッチングが注目されるようになった。これは，ゆっくり伸ばしていき，痛みを感じないところで止めなければならない。いくら反動をつけずに，ゆっくり伸ばしていっても，痛みをがまんして行えば，伸張反射が発生し，逆効果になってしまう。

　パートナーズストレッチングは相手の筋肉の質や状態に応じて行わなければならず，細心の注意と技術が必要となってくる。相手の筋肉の状態に合わせず力まかせに押したり，引っぱったりすると筋肉が伸展するどころか緊張が残る場合もある。ゆっくり伸ばしていき，相手の筋肉の

反応を「見て」「感じて」ちょうど良い状態で止める。この軽い緊張を感じるところで止めることが難しい。筋肉は必ずそれ以上伸ばされたくないところで反応が出る。それを見落とさないように行わないと疲労がとれないだけでなく，痛みが生じる場合が多い。

2 ストレッチングを正しく行う方法

　ストレッチングはいつでも簡単に行うことができる。しかし，その方法をまちがえるとストレッチ効果がないばかりか，反対に痛みが出たりする場合がある。

　正しいストレッチングを行えば，疲労が除去され，硬くなった筋肉もやわらげられ，ストレスがとり除かれる。

　ストレッチングを行う上での注意項目を5つあげる。

　①　反動をつけず，ゆっくりと。

　反動をつけると筋肉は伸張反射をおこし，筋肉は緊張し，効果が得られない。

　②　呼吸は止めない。

　ストレッチング中は呼吸は止めずにゆっくり行わなければならない。たまに呼吸を止めて行っているのを見かけるが，これは筋肉がリラックスできず，効果は上がらない。声を出して秒数を数えるのも一つの方法である。

　③　痛みを感じる少し手前で止める。

　人それぞれ筋肉の質や硬さが違い，伸展の度合いも人それぞれに違ってくる。人と競争して行うのではなく，筋肉が痛くない最大の伸展姿勢を15秒～1分保持する必要がある。

　時間的に余裕があれば，楽な伸展を20～30秒ほど行い，少し休息を入れて楽な伸張よりもほんのわずかだけ張りを感じるまで伸展させまた20～30秒保持させる。

　このように2段階で行うと，時間はかかるが事故は起きにくく，筋の伸展性は増大する。

④　毎日行うのが望ましい。

　ストレッチングの目的は疲労の除去や関節可動域を広げることであるが，1回のストレッチングですぐに効果が現れるものではない。毎日行うと効果が大きく，できれば1日に数回行うのが望ましい。

⑤　全ての部位をストレッチする。

　それぞれの種目にあわせ，その種目が特にメインで使用する部位を重点的にストレッチングを行うが，あわせて他の部位もストレッチングを行うのが望ましい。筋肉のバランスを考え，偏ったストレッチングはひかえた方が良い。

　筋肉を多く伸ばした方が効果があると思い，過度に伸ばし過ぎると，**オーバーストレッチング**になり，逆にケガをしてしまったり，痛みが残ってしまう場合もある。くれぐれも張りきり過ぎて，オーバーストレッチングにならないように注意してもらいたい。

オーバーストレッチング

3 ストレッチングの基本型

　本書では，具体的にストレッチングのフォームを各部位別に一般の選手が簡単に行えて，効率的なものだけを取りあげた。

　わざわざ難しいポーズや危険を伴うポーズをとる必要はなく，簡単なポーズであっても，ストレッチング効果があれば良いのである。各運動種目や競技特性によってストレッチングの組み合わせ方が違ってくる。たとえば陸上競技短距離選手のストレッチングは上肢，下肢，体幹のストレッチングを行うが，重点的に下肢のストレッチングを行う，といったように競技に合ったストレッチングを組む必要があるし，その日の体調，コンディションに合わせて，ストレッチングを変える必要もある。

　毎日同じストレッチングをしていれば良いというものではない。

　この章では，各部位別に写真を使い，基本フォームを紹介している。ストレッチングは一部の部位に効果がある場合もあるが，広い範囲に効果が現れる場合もあるので，ここで取り上げた部位は，特に大きな効果

が現れる部位を便宜上分けたものである。

　筋肉は1本1本単独で働いているものではなく，いろいろな筋肉が協同で働いていることを考え，トータルなストレッチングを行うことを心掛けてもらいたい。

（1）　下肢のストレッチング

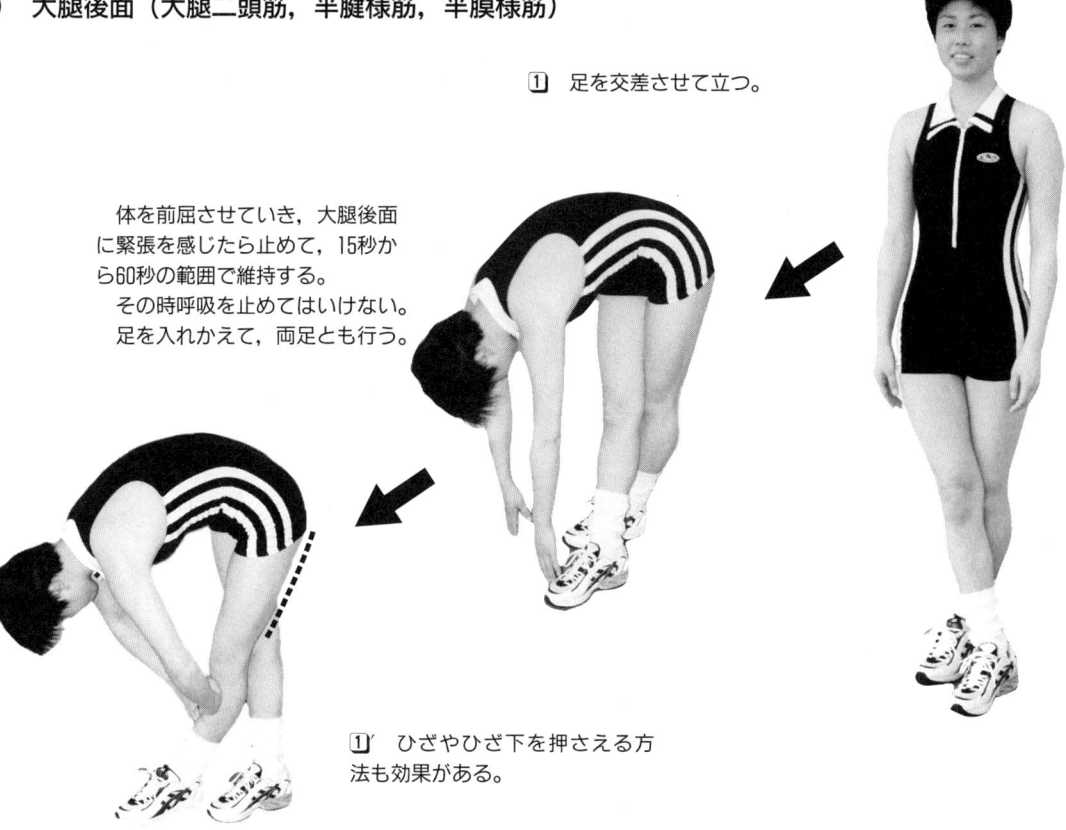

1）　大腿後面（大腿二頭筋，半腱様筋，半膜様筋）

① 足を交差させて立つ。

体を前屈させていき，大腿後面に緊張を感じたら止めて，15秒から60秒の範囲で維持する。
　その時呼吸を止めてはいけない。
　足を入れかえて，両足とも行う。

①′　ひざやひざ下を押さえる方法も効果がある。

② 足を前後に開き，後ろに引いた足は少し曲げ，前方のひざを押さえる。ひざを押さえる強さを変えることにより，ストレッチングの強さを調整することができる。
　足を開ける角度により，強さやストレッチングされる場所が変わる。

第2章　ストレッチングの実際　11

③ 床に座って片ひざを曲げ，曲げた方の足裏をもう一方の太ももあたりにつける。

つま先を体の方向に向けると効果があがる。

伸ばした足の方向に体を向け，少しずつ前屈し緊張を感じたところで止める。

つま先や足裏が持てる人は持ち，体がかたい人は無理をせず，痛みが出る少し手前で止める。
　顔，あごを上げることにより強度が強まる。

▶注意
足を曲げずに行ったり，無理に曲げ過ぎると腰を痛める場合があるので注意する。

④ 片ひざを曲げ，ゆっくりしゃがんでいく。かかとはしっかりと床につけ，ひざを押さえながら大腿後面を伸ばしていく。

アキレス腱がかたい人は写真のように曲げることができないので，かかとの下に物をはさむか後ろに転ばない範囲で，腰を下げて行う。

5　片ひざをかかえ込み，胸の方向に引き寄せる。
注意
胸につけるのが目的ではないので，引き過ぎない。

バリエーションとして，足裏を持ち，引く。
注意
初心者や体のかたい人は無理をしないこと。

5′　伸ばしている足側の手をはなし，片手だけでつま先を持ち，少しずつひざを伸ばしていく。

注意
これも足を伸ばすことが目的ではないので，無理して伸ばそうとしない。

第2章　ストレッチングの実際　13

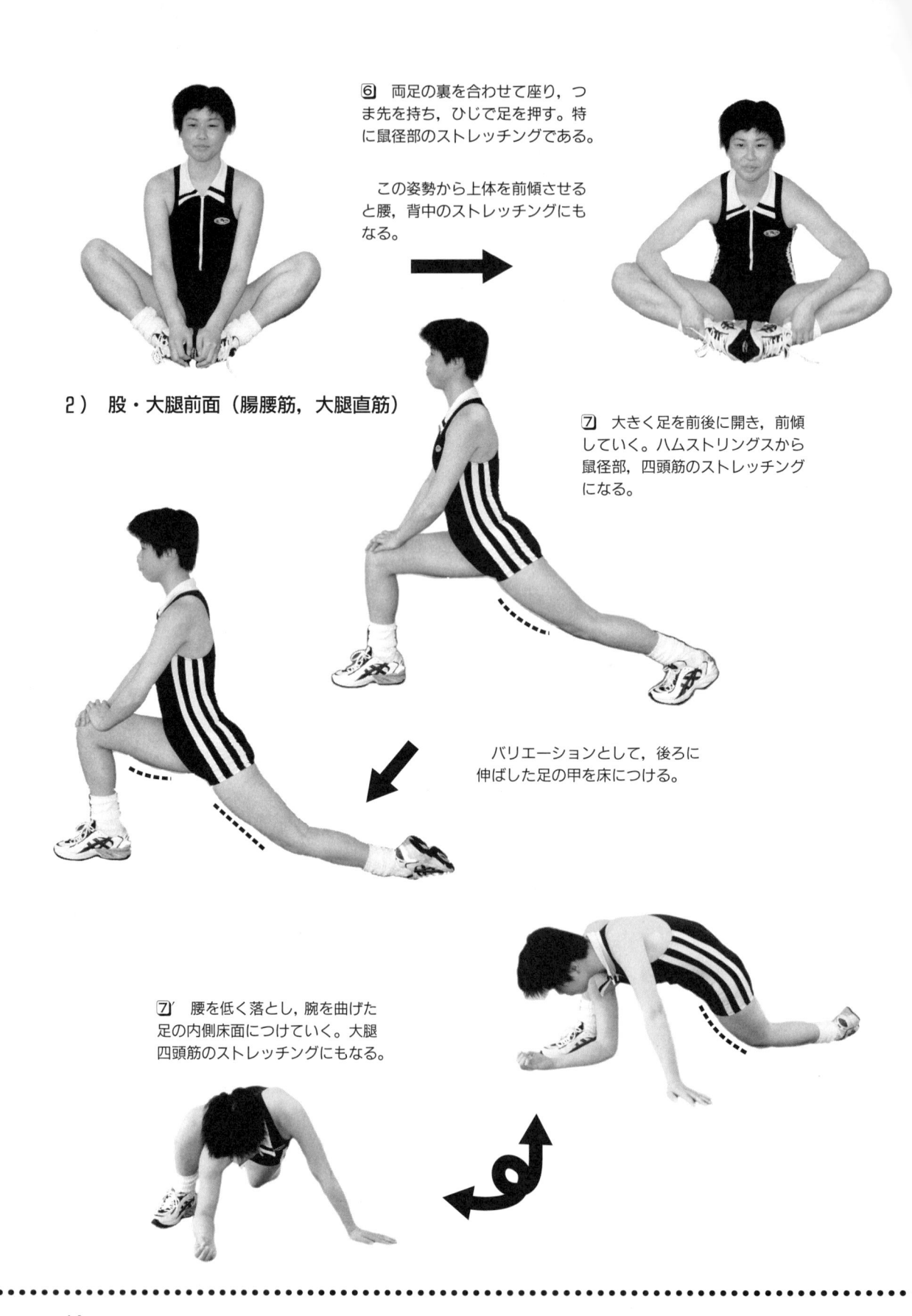

6 両足の裏を合わせて座り、つま先を持ち、ひじで足を押す。特に鼠径部のストレッチングである。

この姿勢から上体を前傾させると腰、背中のストレッチングにもなる。

2) 股・大腿前面（腸腰筋、大腿直筋）

7 大きく足を前後に開き、前傾していく。ハムストリングスから鼠径部、四頭筋のストレッチングになる。

バリエーションとして、後ろに伸ばした足の甲を床につける。

7' 腰を低く落とし、腕を曲げた足の内側床面につけていく。大腿四頭筋のストレッチングにもなる。

3） 大腿前面（大腿四頭筋）足首

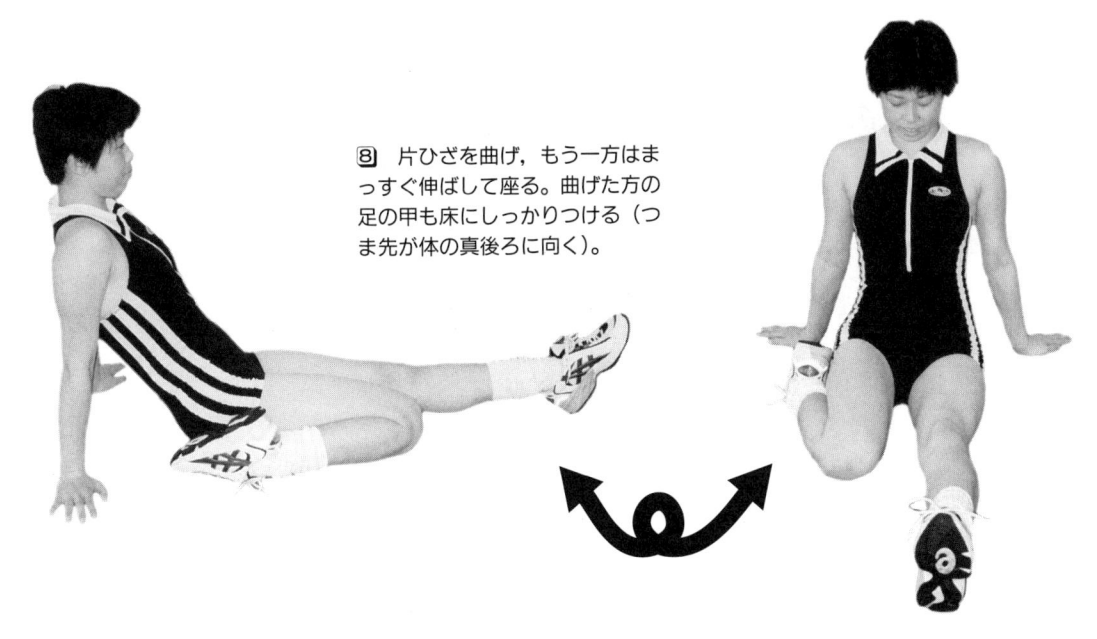

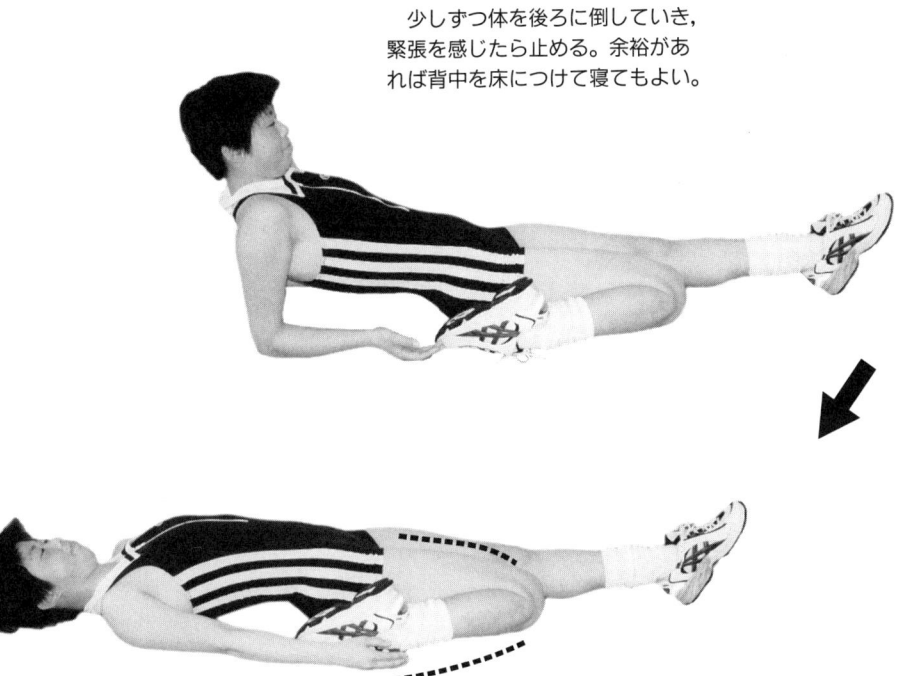

⑧ 片ひざを曲げ，もう一方はまっすぐ伸ばして座る。曲げた方の足の甲も床にしっかりつける（つま先が体の真後ろに向く）。

少しずつ体を後ろに倒していき，緊張を感じたら止める。余裕があれば背中を床につけて寝てもよい。

注意
ひざを曲げている側のつま先が外側（横）を向いてしまうと，大腿四頭筋のストレッチング効果が下がるだけでなく，ひざを痛める場合もあるので注意すること。

第2章　ストレッチングの実際

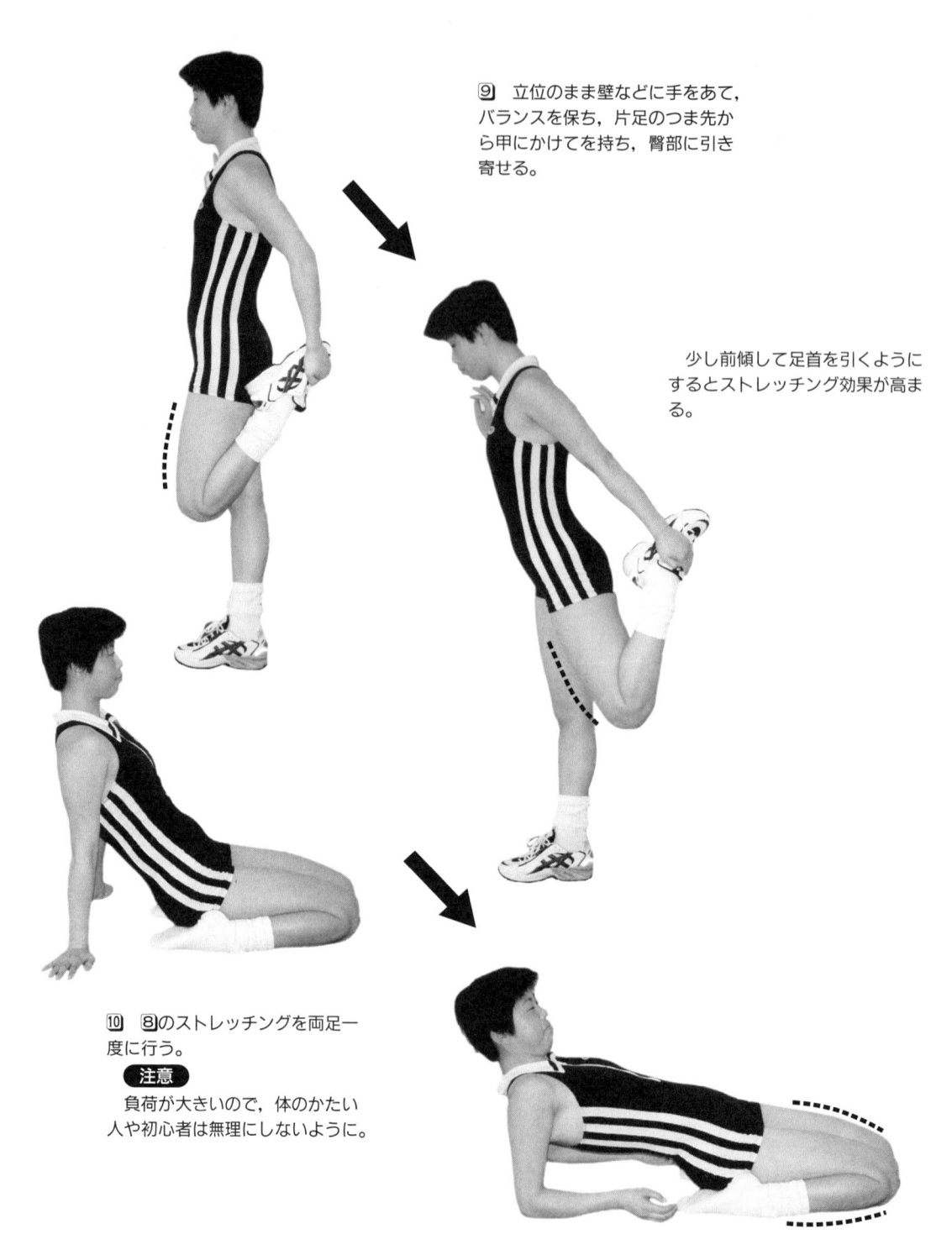

⑨ 立位のまま壁などに手をあて，バランスを保ち，片足のつま先から甲にかけてを持ち，臀部に引き寄せる。

少し前傾して足首を引くようにするとストレッチング効果が高まる。

⑩ ⑧のストレッチングを両足一度に行う。

注意
負荷が大きいので，体のかたい人や初心者は無理にしないように。

大腿四頭筋のストレッチングと同時に足首のストレッチングにもなる。

⑪ 立位で片足だけつま先から甲を床につけるようにする。足首から前脛骨筋のストレッチングになる。

4) 下腿（下腿三頭筋，アキレス腱）

⑫ 足を前後に開き，壁に手をつき，前の足を曲げアキレス腱，下腿三頭筋を伸ばす。
　バリエーションとして，伸ばしている後ろの足も曲げるとヒラメ筋のストレッチング効果が高まる。

第2章　ストレッチングの実際

（2） 腰・体側のストレッチング

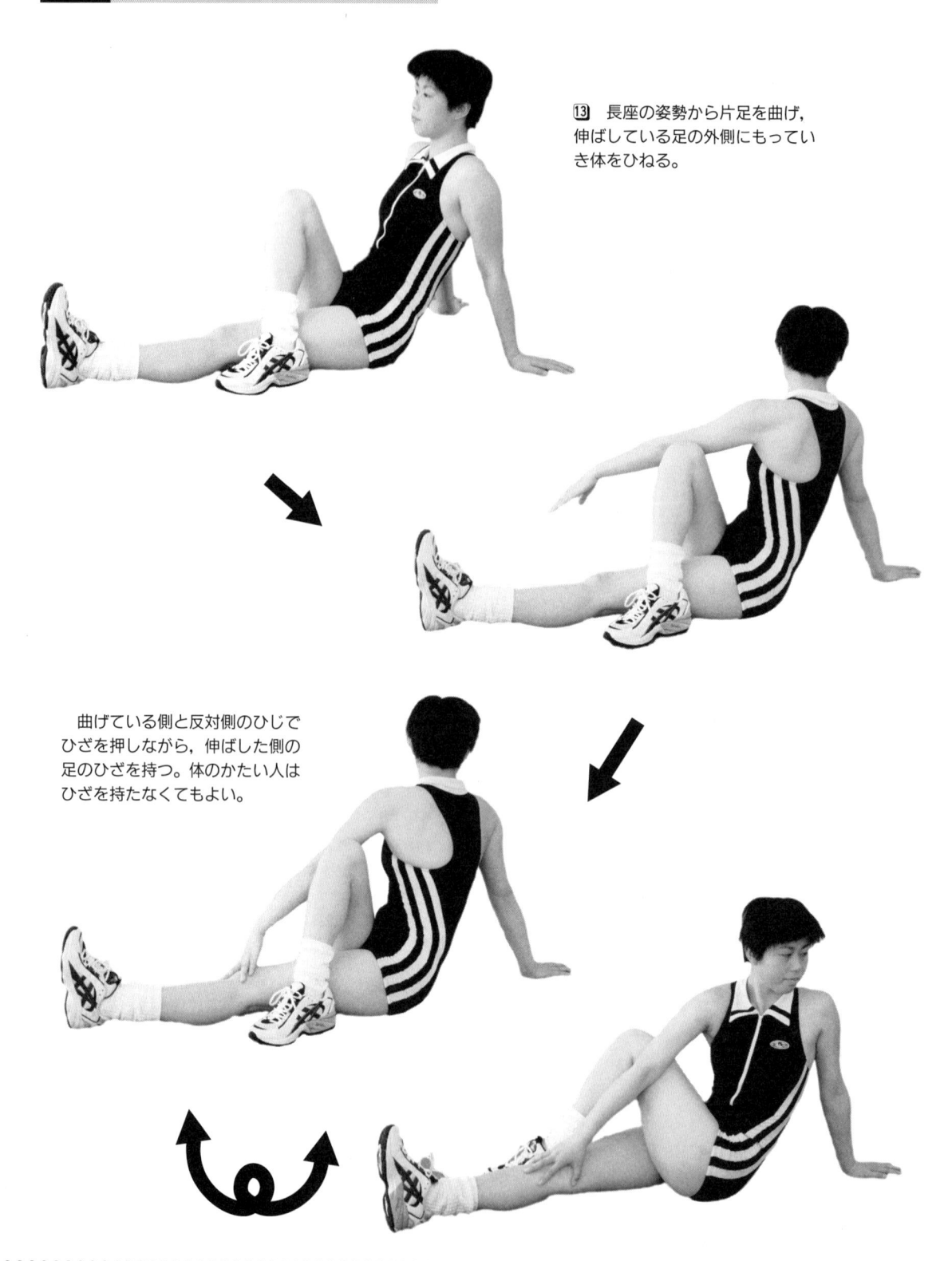

⑬ 長座の姿勢から片足を曲げ，伸ばしている足の外側にもっていき体をひねる。

曲げている側と反対側のひじでひざを押しながら，伸ばした側の足のひざを持つ。体のかたい人はひざを持たなくてもよい。

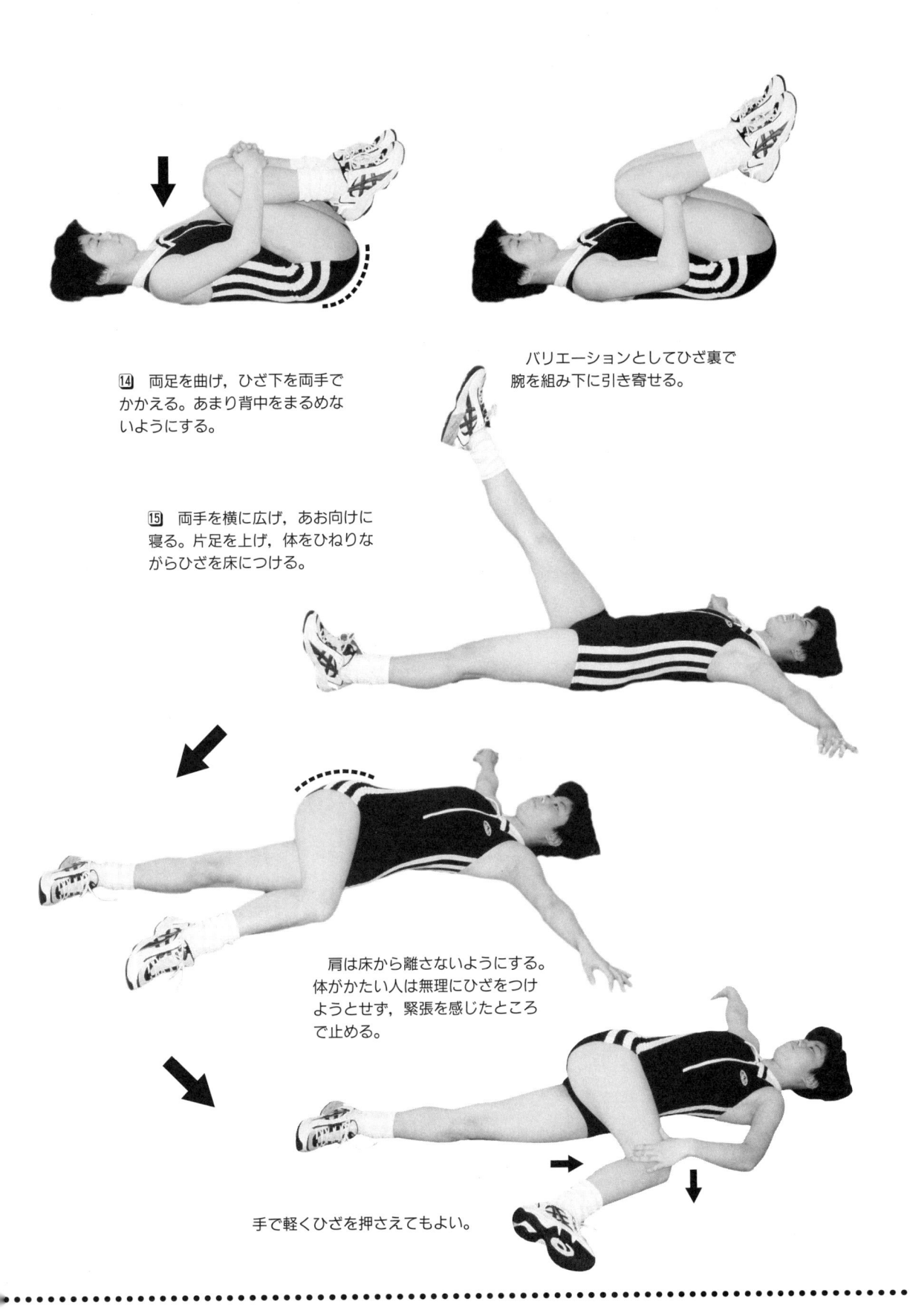

⑭ 両足を曲げ，ひざ下を両手でかかえる。あまり背中をまるめないようにする。

バリエーションとしてひざ裏で腕を組み下に引き寄せる。

⑮ 両手を横に広げ，あお向けに寝る。片足を上げ，体をひねりながらひざを床につける。

肩は床から離さないようにする。体がかたい人は無理にひざをつけようとせず，緊張を感じたところで止める。

手で軽くひざを押さえてもよい。

第2章 ストレッチングの実際

⑯ 壁ぎわに立ち，足は動かさず体だけを後ろに向ける。左右同じ要領で行う。

体側から腰にかけてのストレッチングである。

⑰ 大腿後面のストレッチング
③とよく似ているが，胸をそらせて行うことによりストレッチング部位が大きく違ってくる。
体を前面に向け，胸をそらせ，その状態を保ちながら伸ばしている足のつま先を持つ。体のかたい人は無理して持たない。

もう一方の手で肩から腕にそわせてつま先を持つ。

体の軟らかい人は手を交差して，曲げている足のひざを持つ。

注意 決して無理はしないように。

⑱ 足を肩幅に開き，両手を真上にあげ，片手で手首を持ち，引っ張るようにして体を横にたおす。体側のストレッチングなので体を斜め前にたおさないようにする。

バリエーションとして，足を大きく開いて行うと体側から腰までのストレッチングになる。

（3） 上肢のストレッチング

1） 上腕，肩（上腕二頭筋，上腕三頭筋，三角筋，僧帽筋等）

⑲ 片腕を真上に上げひじを曲げる。頭の後ろで曲げたひじをもう一方の手で横に引っぱる。後頭部で腕を後ろに軽く押すと強度が増す。

第2章　ストレッチングの実際　21

⑳ 片腕を背中にまわし，手の平が外に向くようにし，少し上にあげる。

次に手の平をかえし，手の平が背中に向くようにする。

もう一方の手でひじを持ったり，手首を持って引くと強度が増す。

㉑ 腕を後ろで組み，胸をそらせながら腕を上げる。そのまま前屈する。
　肩のストレッチングとハムストリングスのストレッチングにもなる。

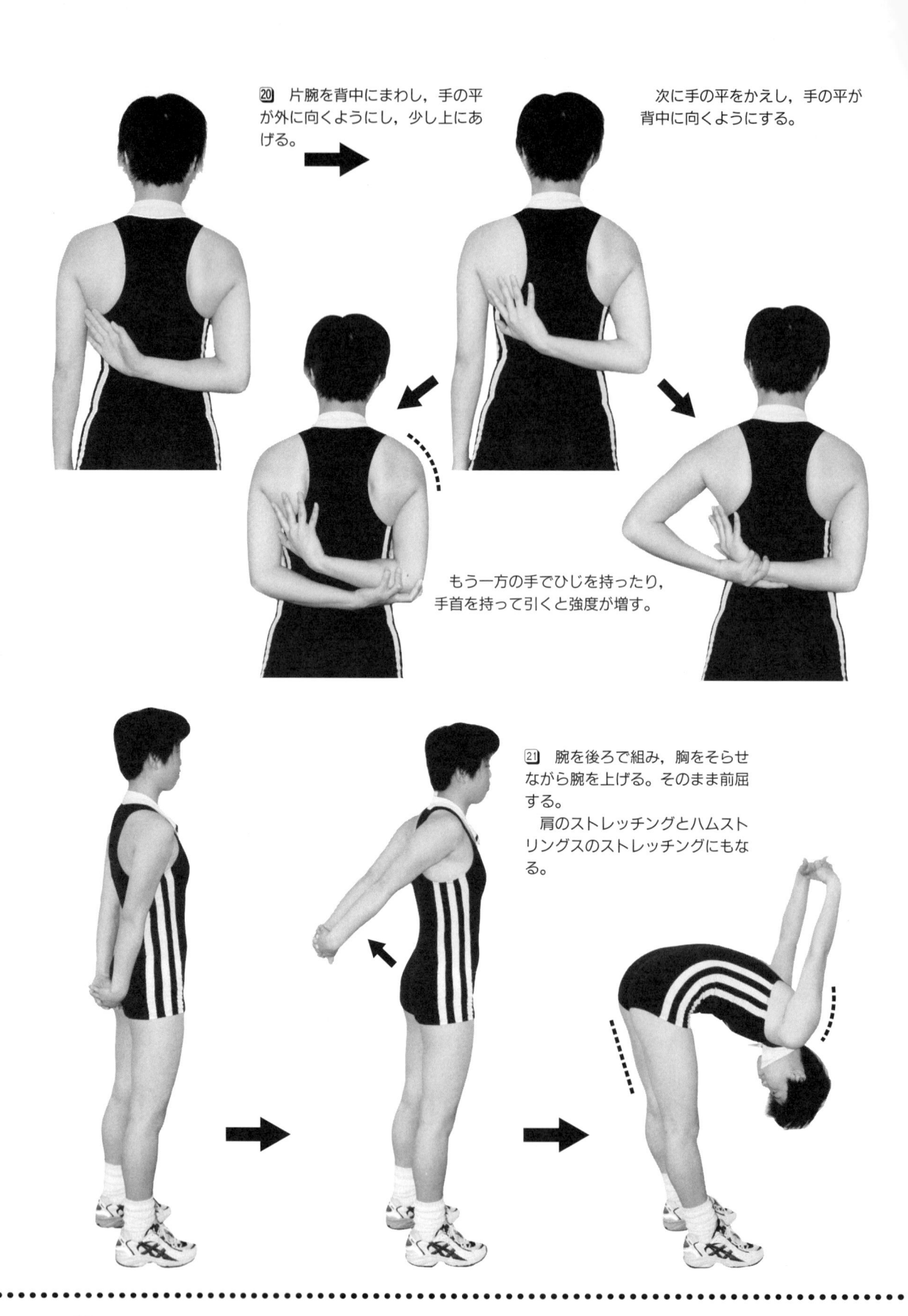

㉒ 片腕を胸の前に持って行き，もう一方の手でひじかそれより少し上を持ち，斜め下に引っぱる。

また，ひじをもう一方の腕でかかえてもよい。

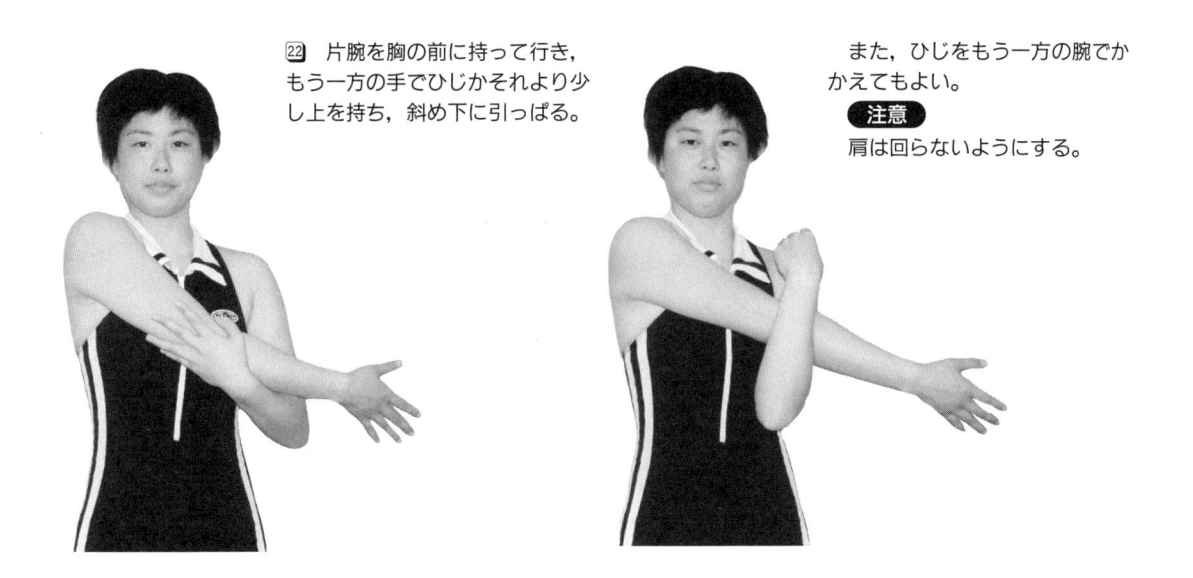

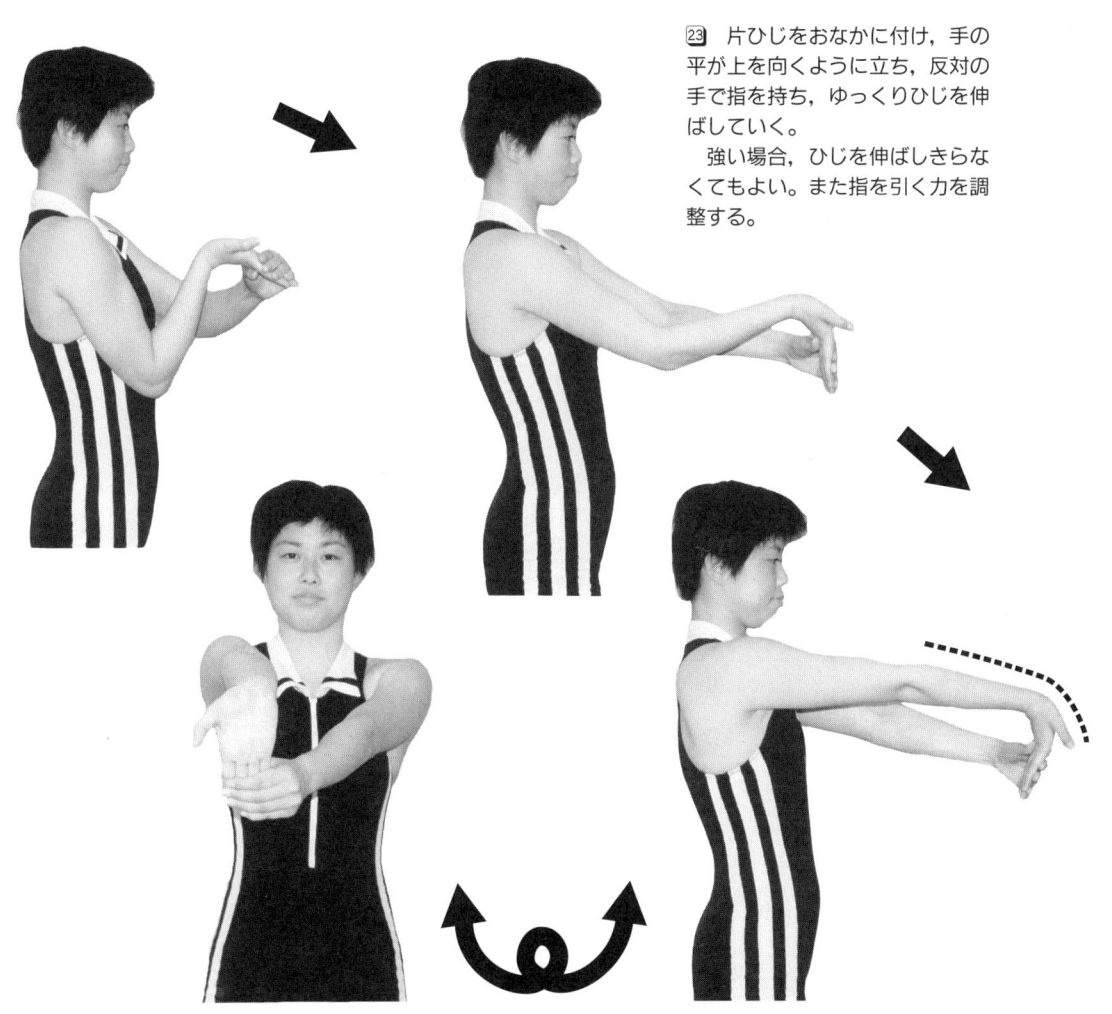

注意
肩は回らないようにする。

2） 前腕・手首

㉓ 片ひじをおなかに付け，手の平が上を向くように立ち，反対の手で指を持ち，ゆっくりひじを伸ばしていく。

強い場合，ひじを伸ばしきらなくてもよい。また指を引く力を調整する。

第2章　ストレッチングの実際

㉔ ㉓と同じようにひじをおなかに付け，手の甲が上に向くように立ち，反対の手で指を持ちゆっくりひじを伸ばしていく。

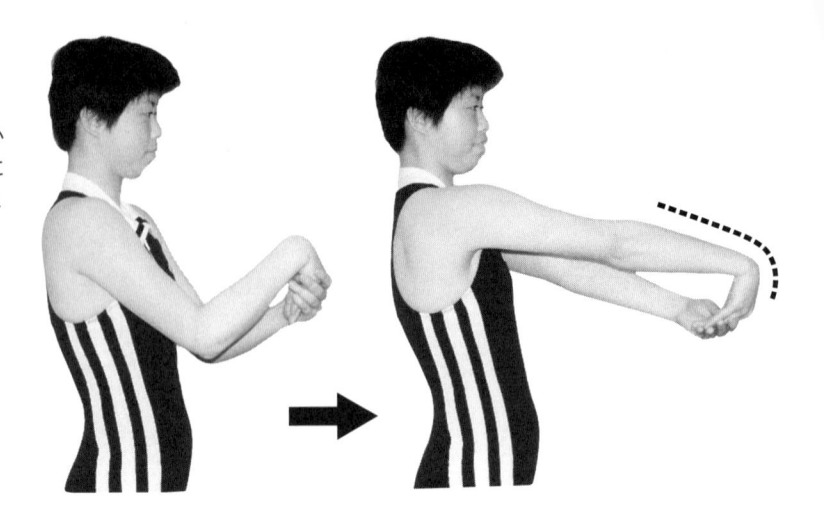

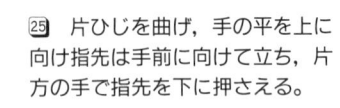

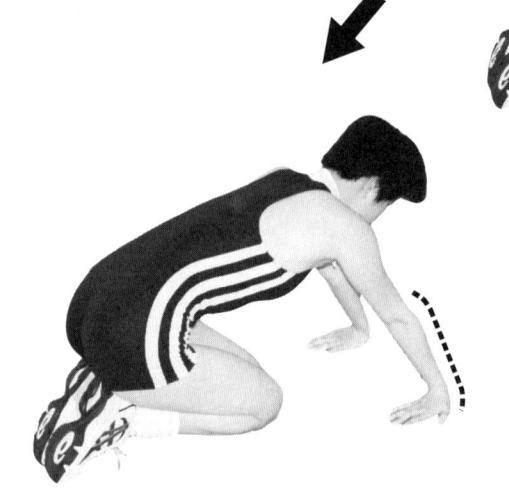

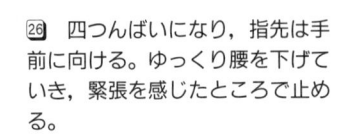

㉕ 片ひじを曲げ，手の平を上に向け指先は手前に向けて立ち，片方の手で指先を下に押さえる。

㉖ 四つんばいになり，指先は手前に向ける。ゆっくり腰を下げていき，緊張を感じたところで止める。

（4） 首のストレッチング

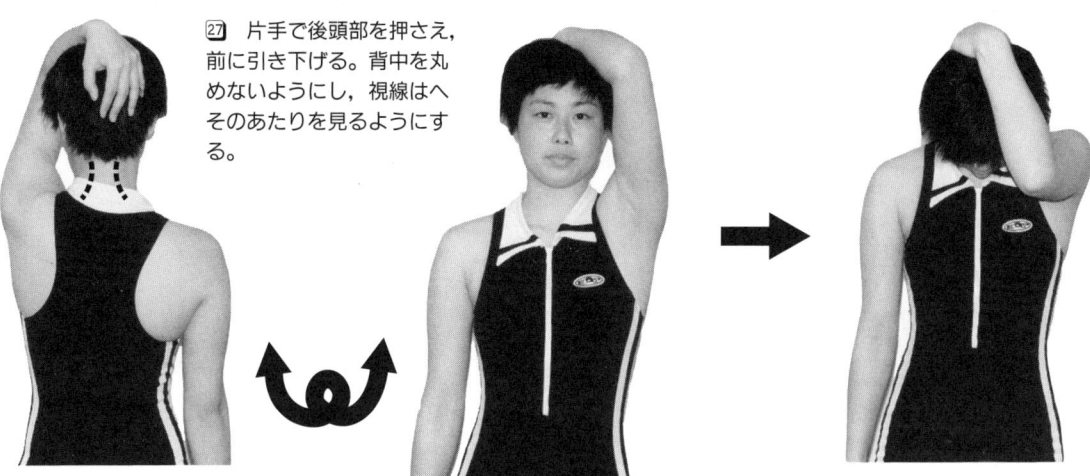

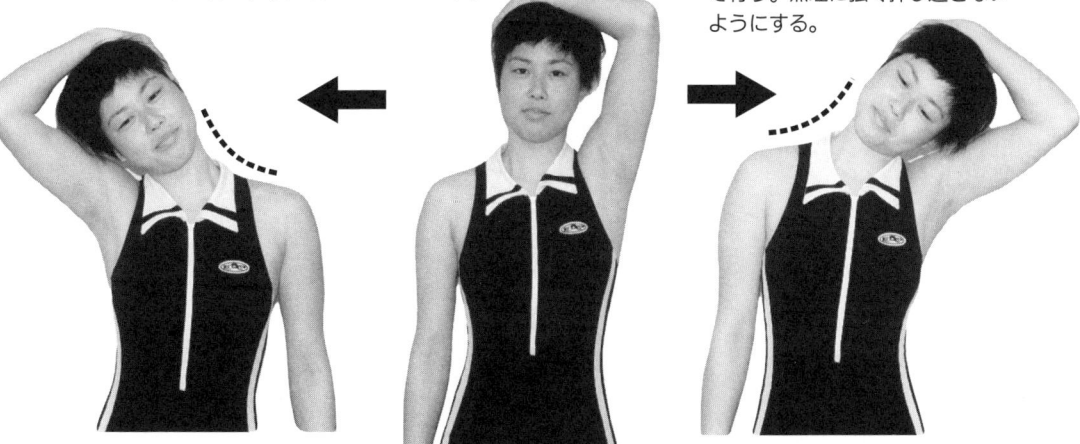

㉗ 片手で後頭部を押さえ、前に引き下げる。背中を丸めないようにし、視線はへそのあたりを見るようにする。

㉘ 後頭部に持っていった手を少しずらし斜め前方に押さえる。左右行う。

㉙ 片手で反対側頭部から耳にかけて持ち、横に引きながらたおす。

注意 体はまっすぐのままで行う。無理に強く押し過ぎないようにする。

第2章 ストレッチングの実際

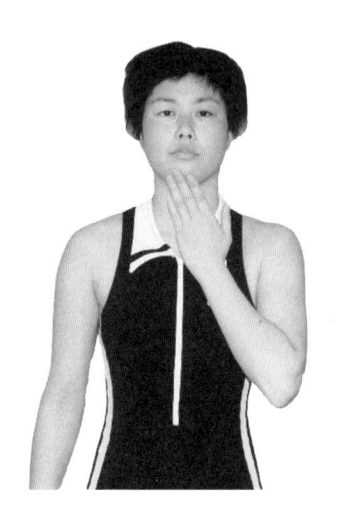

㉚ 片手をあごにあて，手を上に押し上げる。

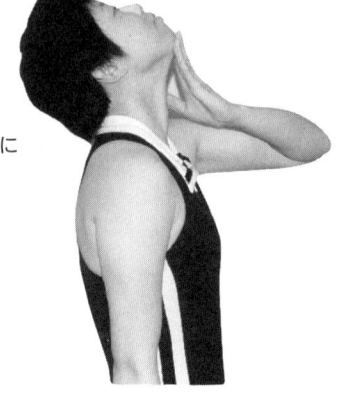

㉛ 後頭部で両手を組み，頭を前に押す。㉗よりも視線を下にする。背中は少し丸まってもよい。首から僧帽筋にかけてのストレッチである。

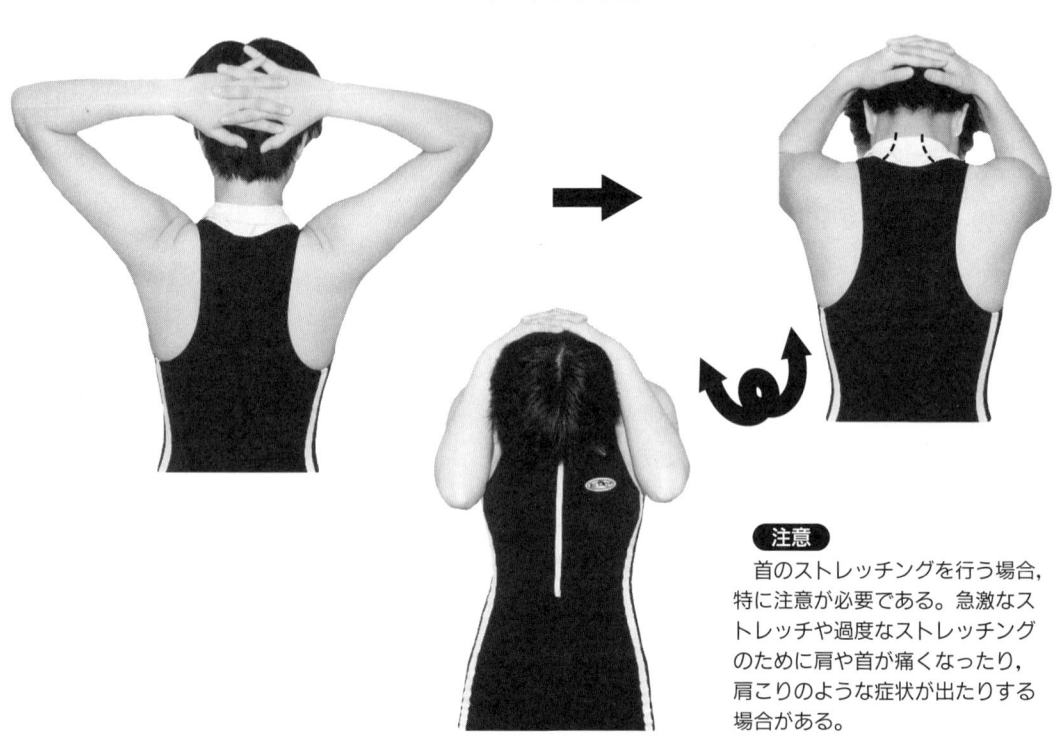

注意

首のストレッチングを行う場合，特に注意が必要である。急激なストレッチや過度なストレッチングのために肩や首が痛くなったり，肩こりのような症状が出たりする場合がある。

4 パートナーズストレッチングフォーム

　パートナーズストレッチングとは，パートナーの補助のもとで行うストレッチングのことで，1人で行うストレッチングより高いストレッチング効果が得られる。ストレッチングを行う実施者が全身の筋肉を緊張させることなく，ストレッチングを行いたい部位だけを伸張させることができる。そのため実施者はリラックスし，有効にストレッチングができる。

　また，1人では行うことが難しいポーズでも，パートナーズストレッチングでは簡単に行うことができる。

　以上のように，パートナーズストレッチングは良い点が多く，リハビリテーション目的で行われている場合も多い。

　しかし，注意しなければならない点もある。それは，1人でストレッチングを行う場合，痛みが出ればストレッチングを止めるが，パートナーズストレッチングでは，パートナーは痛みなどわからず，無理に伸ばそうとし，オーバーストレッチングになる場合がある。ストレッチング効果がないだけなら良いが，緊張が増したり，筋の損傷が生じたりする場合もあるので，パートナーは十分注意をし，実施者の体調や筋肉の状態を確認しながら行わなければならない。

　効果も大きいが危険もあるので，パートナーは細心の注意をはらって行っていただきたい。

(1) 下肢・体幹のストレッチング

1) 下肢後面（下腿三頭筋，ハムストリングス等）

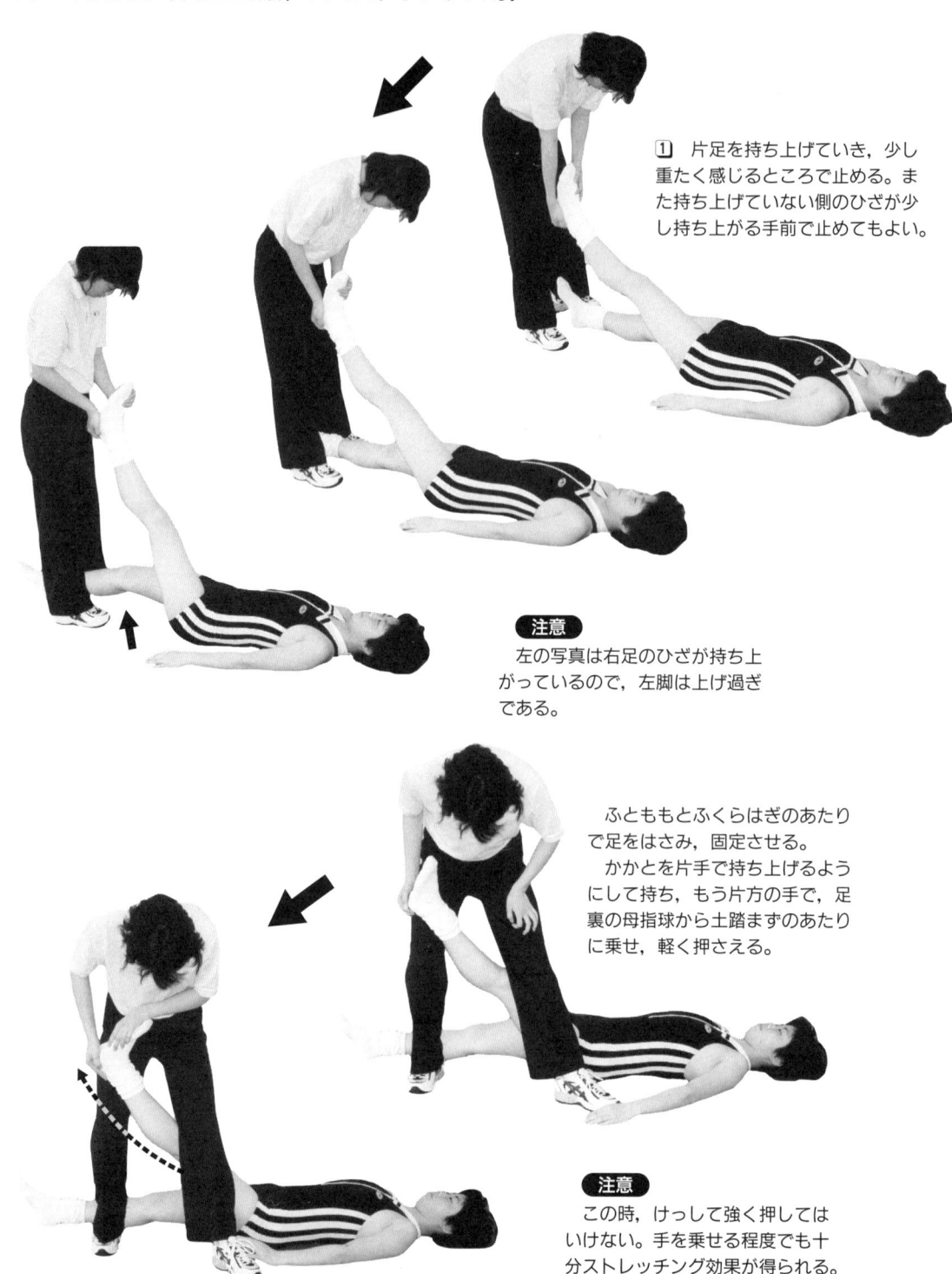

① 片足を持ち上げていき，少し重たく感じるところで止める。また持ち上げていない側のひざが少し持ち上がる手前で止めてもよい。

注意
左の写真は右足のひざが持ち上がっているので，左脚は上げ過ぎである。

ふとももとふくらはぎのあたりで足をはさみ，固定させる。
かかとを片手で持ち上げるようにして持ち，もう片方の手で，足裏の母指球から土踏まずのあたりに乗せ，軽く押さえる。

注意
この時，けっして強く押してはいけない。手を乗せる程度でも十分ストレッチング効果が得られる。

② 片手でかかとを持ち，ゆっくり持ち上げる。
①と同じ高さまで上げて止め，ひざの少し上部を手前に引く。

③ ひざ裏に親指をまわし，ひざ裏とかかとを同時に押す。伸ばしている足のふとももあたりをひざあたりで軽く押さえて，反応を見る。

> 注意
> パートナーは足で下に強く押しつけるのではない。足の角度は90°程度が基本だが，足の状態により角度をかえてもよい。

第2章　ストレッチングの実際　29

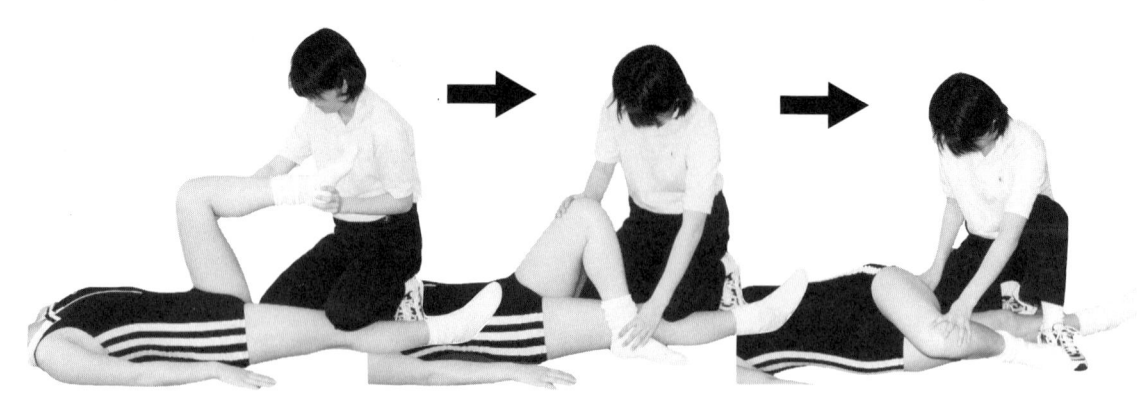

④ ③で押しているのをゆるめ、伸ばしている足のひざ外側にかかとを持って行き、かかとを固定する。

ひざを内側に押し、たおしていく。押していった時、少し重く感じたところで止める。それ以上無理に押し続けない。

止めてから反対の手で軽く肩を押す。

バリエーションとしてひざの角度を広げて、同じようにする。

> **注意**
> 腰が弱い人や腰痛持ちの人、筋肉の発達していない人は腰を痛める場合があるので無理にひざの角度を広げて押さえないようにする。

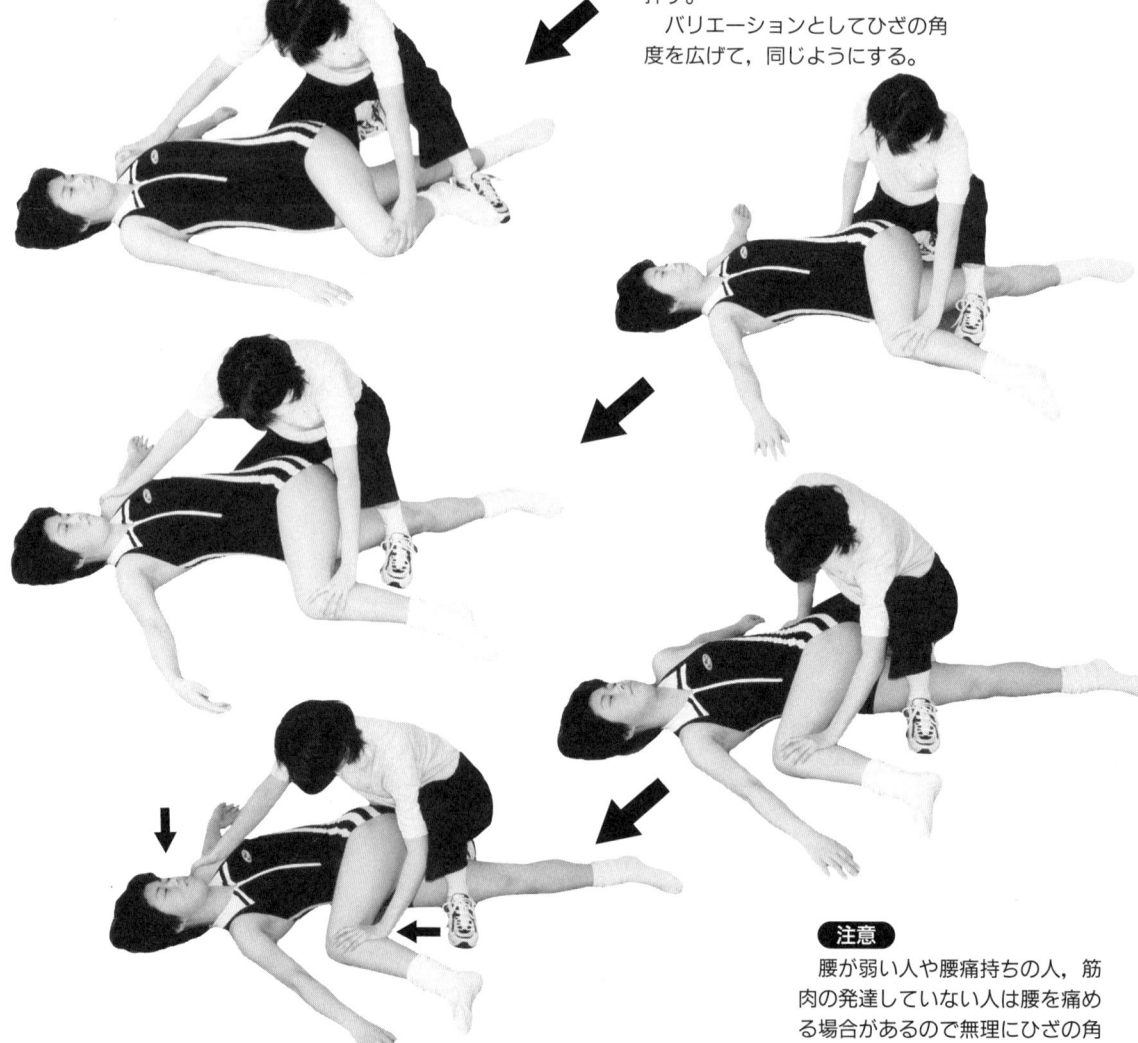

5 両ひざの少し下を持ち、ゆっくり曲げていく。
　ふとももが腹、胸につくように押すが、腰痛がある人やからだがかたい人は胸につかない人も多いので無理に押しつけてはいけない。

両ひざで相手の足首あたりを同時に押さえる。

第2章　ストレッチングの実際

2） 下肢前面，側面（大腿四頭筋，大腿筋膜張筋，縫工筋，前脛骨筋等）

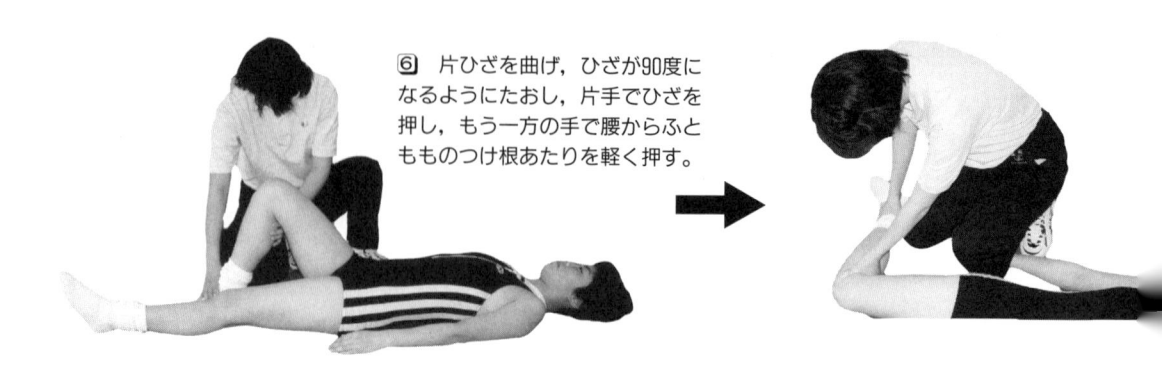

⑥ 片ひざを曲げ，ひざが90度になるようにたおし，片手でひざを押し，もう一方の手で腰からふとももあたりを軽く押す。

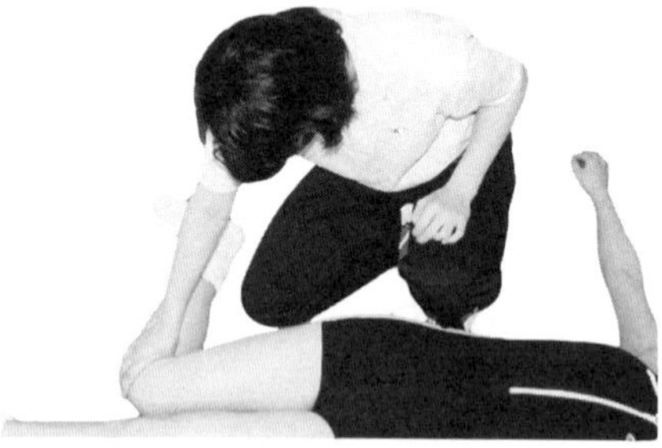

注意
浮き上がっている腰を下へ押しつけようとせず，軽く乗せるだけでもよい。

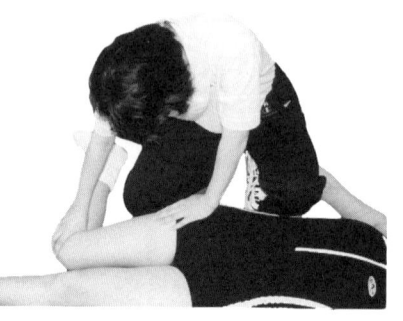

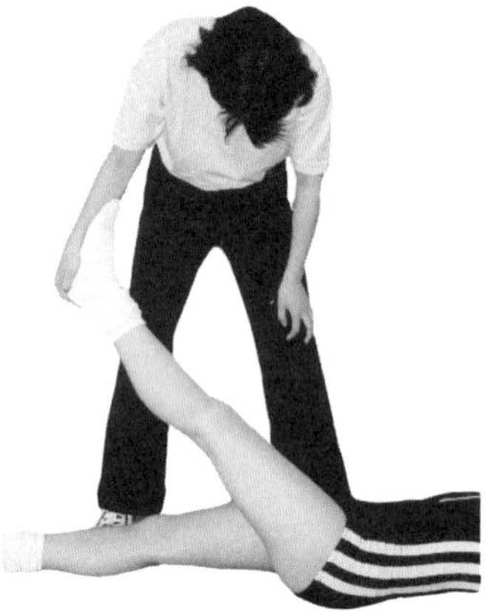

⑦ 片足を①と同じ高さまで持ち上げ，その角度を保ちながら内側にたおす。

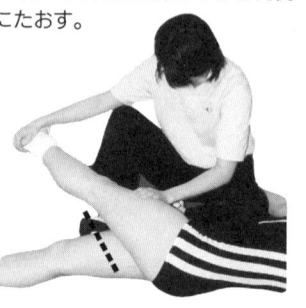

その時ひざが曲がらないようにひざの少し上を押さえる。また足裏で下になっている足のふとももあたりを押さえ，ずれるのをふせぐ。
またかかとを持った手を下に押しつけ床につま先がつくようにする。
つま先を前腕にかけると強度が増す。

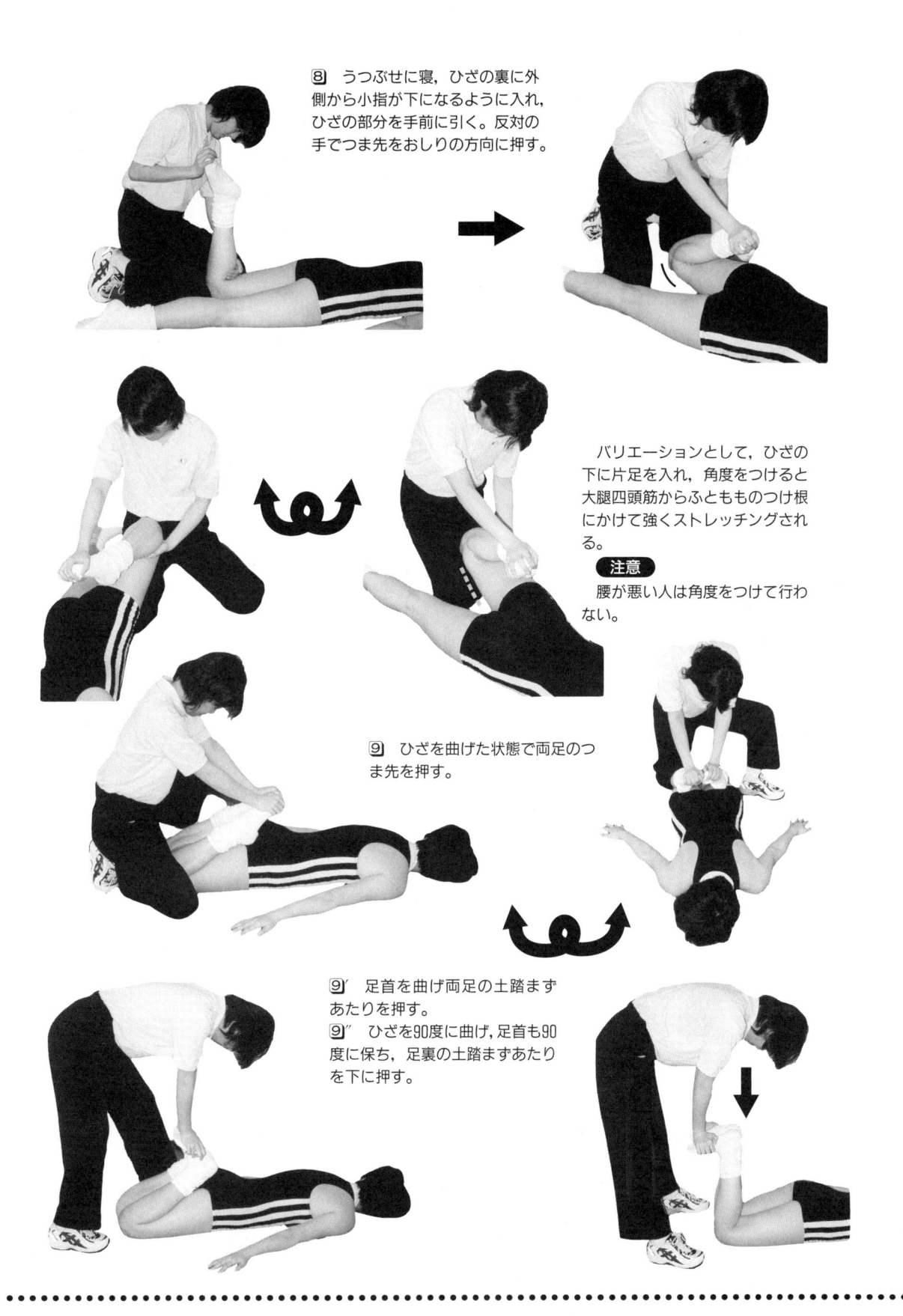

⑧ うつぶせに寝，ひざの裏に外側から小指が下になるように入れ，ひざの部分を手前に引く。反対の手でつま先をおしりの方向に押す。

バリエーションとして，ひざの下に片足を入れ，角度をつけると大腿四頭筋からふとももつけ根にかけて強くストレッチングされる。

注意
腰が悪い人は角度をつけて行わない。

⑨ ひざを曲げた状態で両足のつま先を押す。

⑨′ 足首を曲げ両足の土踏まずあたりを押す。
⑨″ ひざを90度に曲げ，足首も90度に保ち，足裏の土踏まずあたりを下に押す。

第2章 ストレッチングの実際　33

（2） 上肢・肩のストレッチング（上腕二頭筋，上腕三頭筋，三角筋，僧帽筋，大胸筋等）

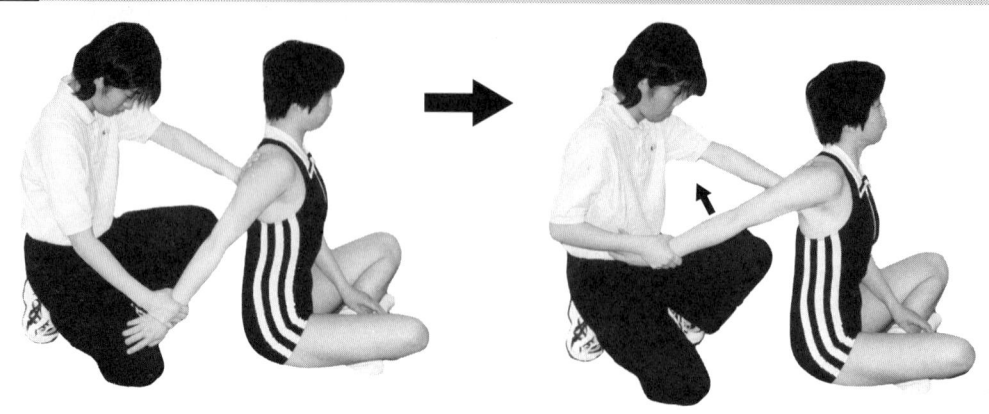

⑩ 手首を外側（手の甲側）から持つ。もう片方は肩甲骨を押さえる。ゆっくりと上にあげていき少し重たく感じるところで止める。

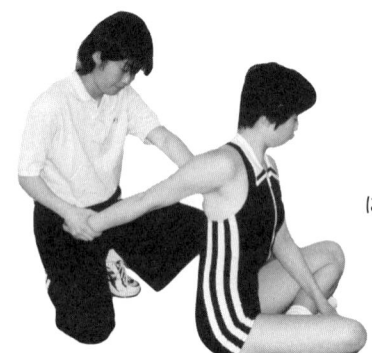

その角度を保ちながら腕を内側に持っていく。

⑪ 親指どうしをからませ，そのまままっすぐに上げるのではなく，一度横に上げて内側に持っていく。

●注意
ひじが痛くなる人が多いので無理に内側に押さえない。ひじが痛くなる場合，手首をまき込むようにすると痛みは出ない。

34

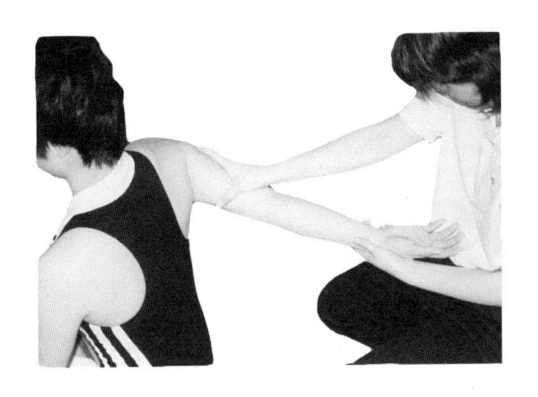

⑫ ⑩, ⑪から手の持ち方を入れかえ，右手のストレッチングをする場合，右手で上腕を上から持ち，左手で手首を下（手の甲側）から持ち，⑩と同じ高さまで持ち上げて止める。

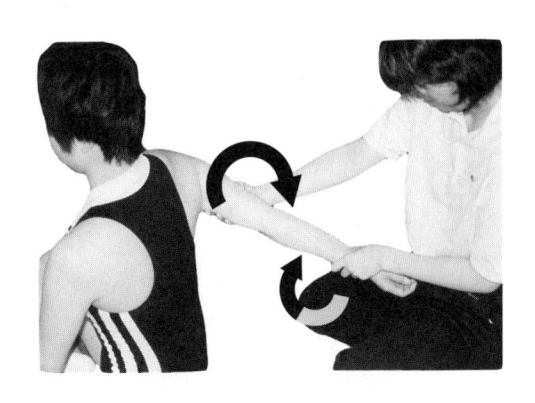

両手で外側（右側）にひねる。肩甲骨あたりが少しへこんでくるので，そこで止める。

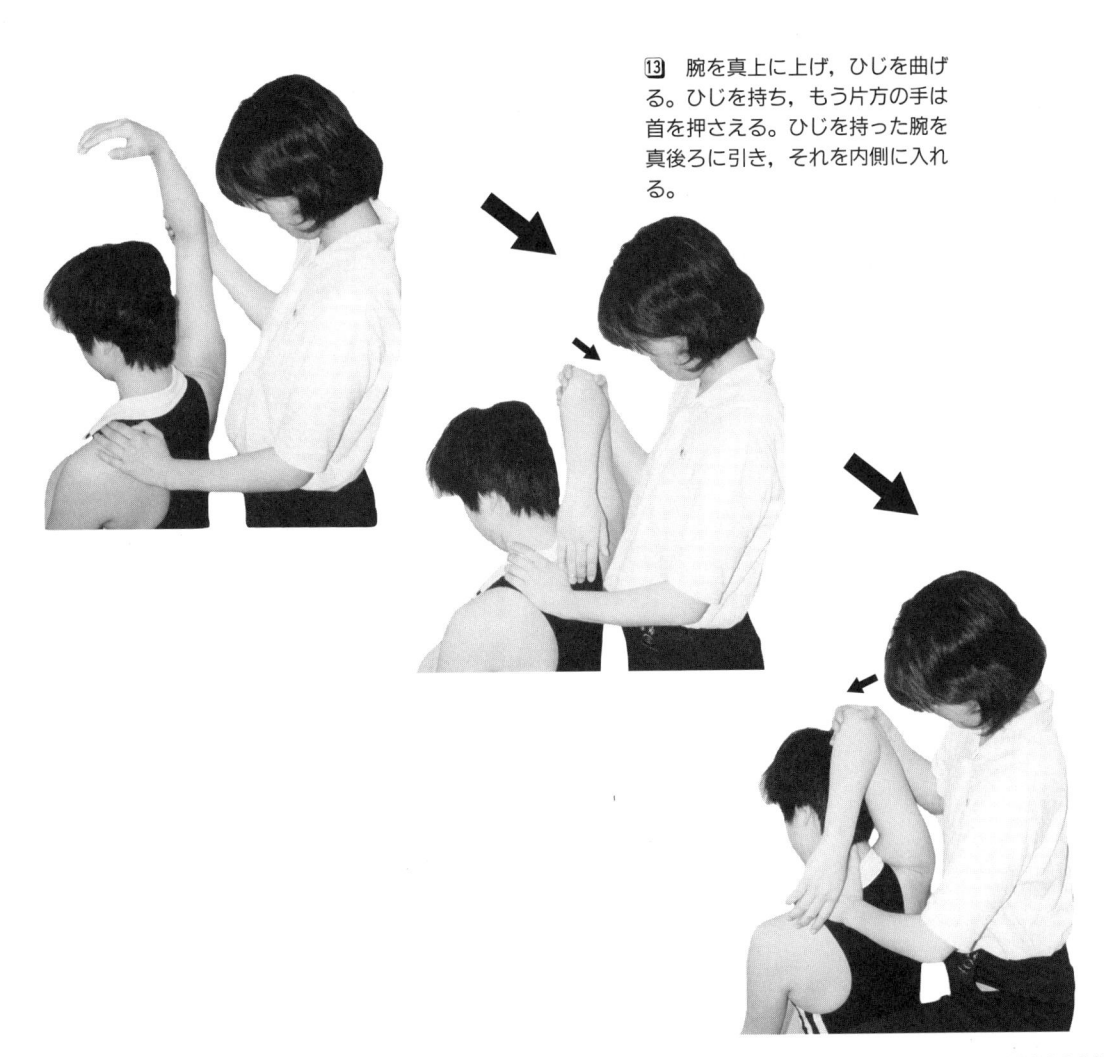

⑬ 腕を真上に上げ，ひじを曲げる。ひじを持ち，もう片方の手は首を押さえる。ひじを持った腕を真後ろに引き，それを内側に入れる。

第2章 ストレッチングの実際

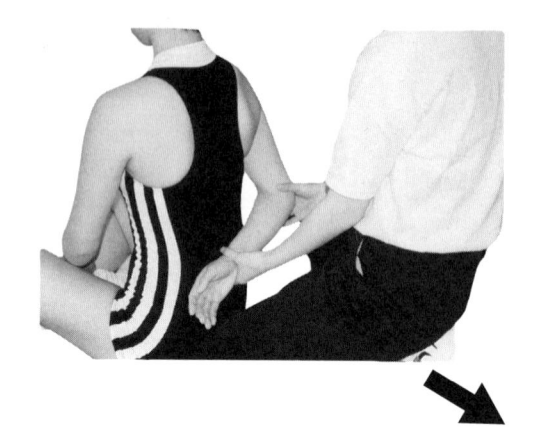

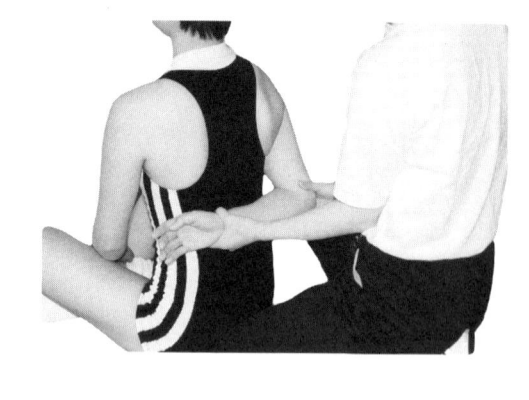

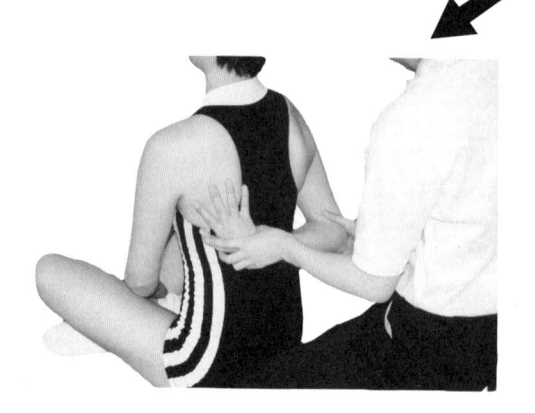

⑭ 腕を後ろにまわし,ひじと手首を持ち上にあげていく。その時手の平は外に向ける。

最後に手の平を体側に向ける。その時ひじと手首を押さえる。

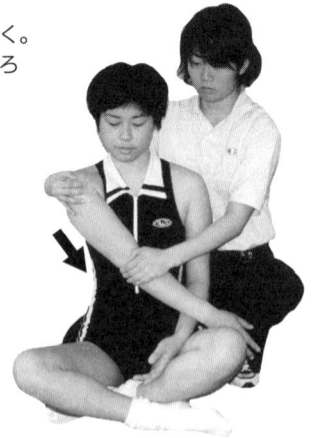

⑮ 腕を斜め下方向に持っていく。ひじのあたりを斜め下に肩を後ろに押さえる。

（3） 首のストレッチング

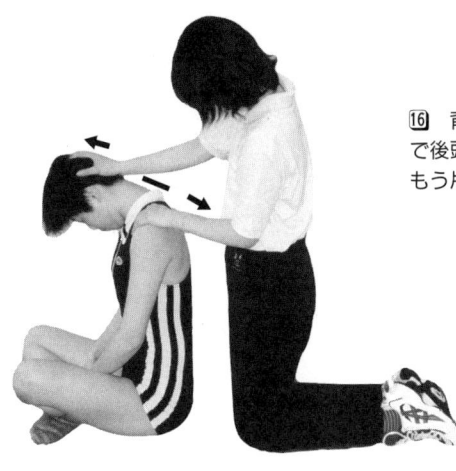

⑯ 背筋を伸ばし座らせる。片手で後頭部を前方下に押しながら，もう片方の手で肩を後ろに引く。

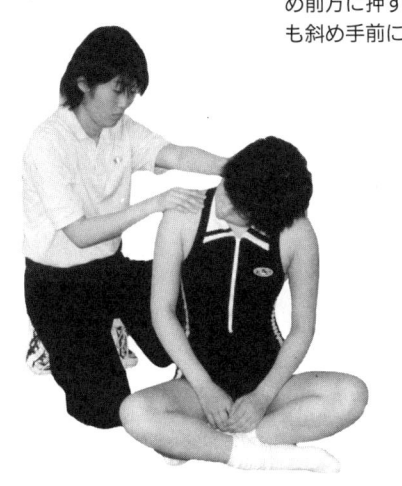

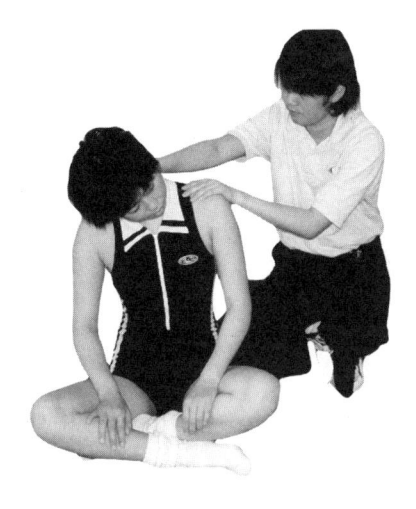

⑰ 後頭部の手を少しずらし，斜め前方に押す。肩を引いている手も斜め手前に引く。

第2章 ストレッチングの実際

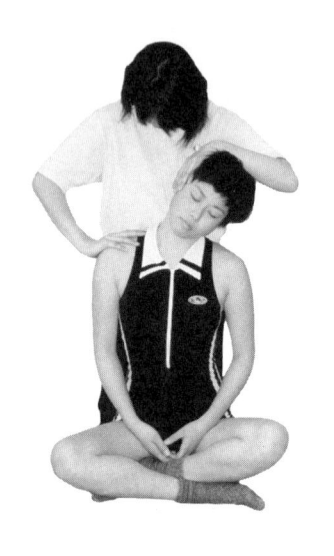

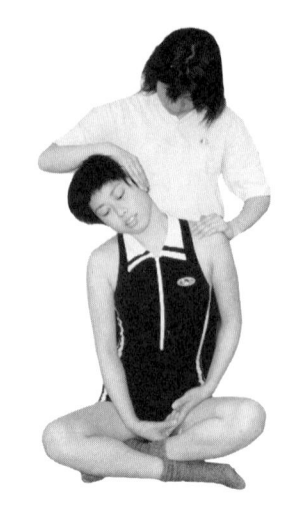

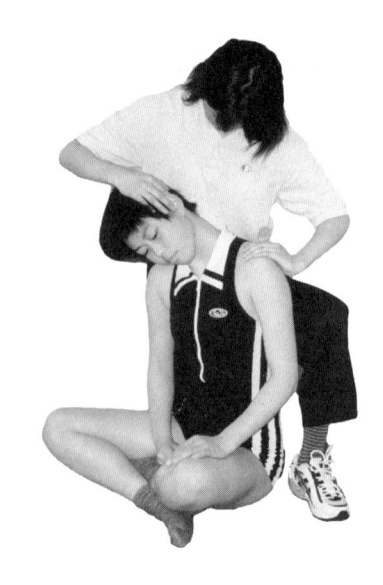

⑱ 片手を耳から側頭部にかけて押す。もう片方の手で肩を下に押す。

⑲ ⑯と同じ要領だが、両手で後頭部を押さえる。⑯は前方下に押さえるが、ここでは両手でまき込むように下に押す。

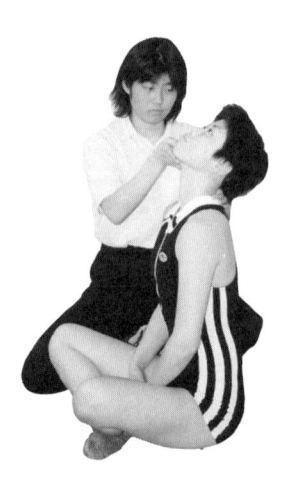

⑳ 片手で首の後ろを押さえ、もう片方であごに手をあて、上を向かせる。

【参考文献】
1）栗山節郎『新・ストレッチングの実際』南江堂，1999 年
2）小林義雄・竹内伸也『ストレッチング』講談社，1991 年
3）猪﨑恒博『ストレッチング』西東社，1999 年

【写真モデル】
若杉友美
森内優香

まとめ

1 ストレッチングには
- バリスティック・ストレッチング（反動をつけて行う柔軟体操）
- スタティック・ストレッチング（15秒〜1分程度静止して行う柔軟体操）

がある。スタティック・ストレッチングは伸張反射が起きにくい。

2 ストレッチングの注意事項
 ①反動をつけず，ゆっくりと行う。
 ②呼吸は止めない。
 ③痛みを感じる少し手前で止める。
 ④毎日行うのが望ましい。
 ⑤全ての部位をストレッチする。

3 筋肉を過度に伸ばすとオーバーストレッチングとなり，けがをする場合があるので注意する。

4 ストレッチングの基本型を理解し，運動種目や競技特性，体調やコンディションに合わせたストレッチングフォームを使えるようにしよう。

5 パートナーズストレッチングの長所と短所
 長所……実施者がリラックスできる。
     1人では行うのが難しいポーズも簡単にできる。
 短所……パートナーが痛みに気づかずオーバーストレッチングになると，緊張が増したり筋の損傷が生じたりする。

第3章

PNFの実際

1 はじめに

　PNFはProprioceptive Neuromuscular Facilitationの頭文字であり，日本語では「固有受容性神経筋促通法」と呼ばれており，「固有受容器（筋紡錘・ゴルジ腱器官）の刺激によって神経筋のメカニズムを促進したり，促通する方法」と定義される。

　PNFの目的は神経筋の促通であり，言い換えれば自分の手足の末梢部まで神経の通いをよくし，スムースな動きができるようにすることである。元来PNFのテクニックは神経系の障害のリハビリテーションで用いられていた。しかし神経筋の促通は，筋肉のさまざまな収縮パターンを活用することから筋力を開発することにもなるので，筋力トレーニングの一手段としても用いられるようになった。今日いくつかのPNFテクニックは，新しくより進んだ方法としてアスリートの筋力と柔軟性の開発にも使われている。

　近年アスレティックリハビリテーションやスポーツトレーニングでPNFが用いられているが，これはPNFが筋力の開発だけでなく柔軟性（関節可動域）の改善，全身の筋バランスの獲得，筋群間の協調性の改善が得られるためである。

> PNF＝Proprioceptive Neuromuscular Facilitation
>
> **固有受容器**
> （筋紡錘・ゴルジ腱器官）の刺激によって神経筋のメカニズムを促進したり，促通する方法
>
> **神経筋の促通**

2 PNFの基礎知識

　PNFはファシリテーション・テクニックの1つであり，この他にもボバース，ボイタ，ブルーンストロム，ルード等のアプローチがある。

(1) ファシリテーション・テクニックとは

　皮膚や固有受容器（筋紡錘・ゴルジ腱器官）などに刺激を加えることにより運動機能の回復をうながそうとする治療手技であり，さまざまなアプローチを活用することにより，中枢神経系における運動ニューロンの興奮性を変化させ正常な運動機能を引き出そうとする手技である。言い換えれば，中枢神経系の運動ニューロンの興奮性を変化させることで，身体に変化が現れるということである。

(2) PNFテクニックとは

　筋肉の長さや張力に対して求心性インパルスを発射する固有受容器（筋紡錘・ゴルジ腱器官）などに刺激を加えることにより，目的とする神経―筋メカニズムの反応を高めようとする働きかけである。PNFのアプローチは筋肉の長さや張力の変化を利用する。そして筋肉の長さや張力を利用するためにはパターン運動が中心になるが，その他さまざまな刺激を活用する。

　固有受容器を刺激する方法には以下のものがある。

① 最大抵抗（Maximal Resistance）
② 伸張（Stretch）
③ 圧迫（Pressure）
④ 圧縮（Approximation）
⑤ 牽引（Traction）

　固有受容器には筋紡錘とゴルジ腱器官（図3-1）があるが，これは役割が全く違う。**筋紡錘**は，筋の長さの感覚受容器であり，**ゴルジ腱器官**は筋の張力の感覚受容器であるため，役割が全く異なる。筋紡錘というのは解剖学的関係では錘外筋線維と並列に並んでいるが，ゴルジ腱器官は直列に並んでいる。筋紡錘を刺激するには筋のストレッチが有効だが，ゴルジ腱器官はストレッチだけでなく筋のコントラクションが

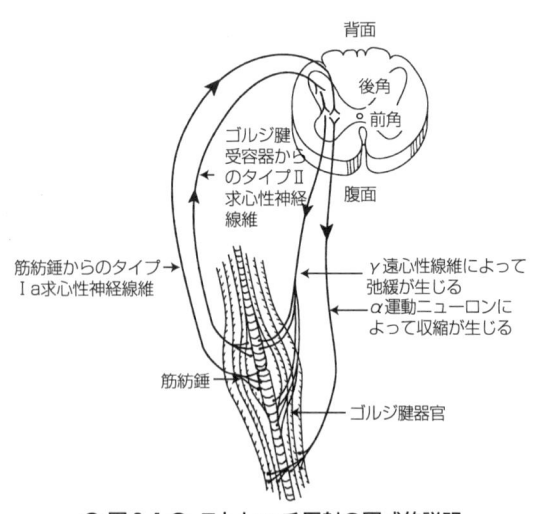

● 図3-1 ● ストレッチ反射の図式的説明

加わらないと反応しない。筋紡錘は主働筋へは促通作用があるが，拮抗筋へは抑制作用がある。ゴルジ腱器官は逆で主働筋へは抑制作用があるが，拮抗筋には促通作用がある。ということは，筋紡錘とゴルジ腱器官は役割が逆である。そして応用するテクニックは，筋紡錘の場合はストレッチやリピーテッド・コントラクション，ゴルジ腱器官はホールド・リラックスやコントラクト・リラックスとなる。

3 PNF テクニックの論法と論議

(1) PNF 施行時の一般的注意事項

① 各運動パターンの要素を的確に把握する。
② 握り締めるような圧迫を加えずに手掌で広く圧する。
③ 運動の対角線と並行に位置する。
④ クイックストレッチはパターンの共同筋の緊張が最大に得られたところで行う。
⑤ クイックストレッチは暴力的に加えてはならない。
⑥ 牽引と圧縮は全可動域にわたって加える。
⑦ 筋収縮の最大の要素は回旋運動である。
⑧ 運動パターンの軌跡はひざ・ひじが正中線で交わる。
⑨ 軌跡は波打たないように滑らかに遂行する。

(2) PNF の問題点

① 刺激の与え方に客観性がない。
② 反応の確認ができにくい。
③ 反応の出方はセラピストのテクニックの技量次第である。
④ 反応の継続時間には個人差がある。

　　柔軟な人————早い・短い

　　硬い人—————遅い・長い

　　筋力の強い人——出る

筋力の弱い人──出ない
⑤　マンツーマン以外に促通する方法がない。
⑥　テクニックの習得に時間がかかる。

4 PNFの基本テクニック

(1) 用手接触（マニュアルコンタクト）

・拮抗筋上の皮膚の圧迫や摩擦は，**主働筋を抑制**し，**拮抗筋を促通**する。　　主働筋を抑制
・パターンにおける用手接触はそのパターンの運動にあずかる筋群，腱，　　拮抗筋を促通
　関節を被う皮膚に圧迫を与え，同時に正しい方向に抵抗を与える。
・運動方向が対角線であるため，セラピストも対角線に構え，そしてセ
　ラピストと患者が一緒に動く。
・運動を導くのに視覚を利用すると反応が起こりやすくなる。
〈動作の指示〉
　　等張性収縮──押せ・引け
　　等尺性収縮──保持
　　随意的弛緩──ゆるめて・力を抜いて

(2) 伸張（ストレッチ）

・伸張が加えられると筋により強力に反応する。
・各パターンの最初と最後に回旋の要素を考慮することで，全ての筋線
　維を引き伸ばすことができる。
〈伸張反射〉　　　　　　　　　　　　　　　　　　　　　　　　　　　伸張反射
　　伸張刺激を与えると伸張反射を生じる。
　　伸張反射と患者の努力とが確実に同じ瞬間に起こるように行う。
　　伸張反射は筋力の増強や弱い筋の反応時間を促進し随意運動の存在
　　能力を引き出す。

（3） 牽引と圧縮

- 牽引は関節面を引き離す。
- 圧縮は関節面を押し付ける。
- 牽引と圧縮は関節面にある受容器に直接向けられる。
- 関節受容器は関節構造の位置的変化に反応する。
- 牽引は運動をうながし，圧縮は姿勢の安定と保持をはかる。
- 牽引と圧縮は，その関節構造を支配する固有感覚の中枢を刺激する。
- 急性症状では，牽引と圧縮は禁忌である。

（4） 最大抵抗

- **最大努力**が要求されるとき，その抵抗量は最大と名づけられる。　　　　　最大努力
- PNFテクニックの中で用いられる最大抵抗とは，等張性収縮（自動収縮）が全運動域にわたって行われる範囲内で与えうる最大の抵抗を示す。
- 最大抵抗によって頭，頸部，体幹および四肢の正しく行えるパターンからまだ不完全なパターンのあふれ出し，すなわち放散の効果を及ぼす。
- より強い筋，より強いパターンがタイミングの調整を経ながら，より弱いパターンを強化するために使う必要がある。このタイミングに正しく段階づけた最大抵抗を組み合わせる。

（5） タイミング

- 正常なタイミングとは，全ての動作の中で起こって調和のとれた運動を生み出す**一連の筋収縮の順序**をいう。　　　　　　　　　　　　　　一連の筋収縮の順序
- 遠位のコントロールの獲得よりも近位のコントロールの獲得の方が早くできる。
- 遠位（手や足）が運動を誘発する刺激の大部分を受ける。
- 近位部（体幹）の運動は，頸や上下肢の運動に続いて起こる。
- パターン運動の最初は回旋によって始まり，次いで遠位から近位に向かって他の運動が遂行される。

（6） 強調のタイミング

- 強調のタイミングとは，あるパターンの特定の運動支点や，その運動支点に関連した特定要素およびその支点の運動域のある特定部分に関して，その**反応を強め活動を刺激する手段**を意味する。
- タイミングの達成には，より強い遠位部分またはより強い近位部分のいずれかの筋群を利用する。
- 強調のタイミングは，正常なタイミングを適宜考慮しながら最大抵抗を促通パターンに重ねる。これにより強い主要筋の要素から弱い主要筋の要素に向かってオーバーフローもしくは放散が起こる。
- 放散を生むには，より強い要素運動を運動域内の適切な位置で停止させるか，最大抵抗を与えながら運動内の最大の力を発揮する角度まで運動させ，そこで最大の等尺性収縮あるいは「保持」収縮をさせる。
- より強い筋要素は，より弱い筋要素を強めるが，より弱い筋要素はより強い筋要素の反応を強めることはできない。
- 強い伸筋パターンは，反対側の伸筋群にも屈筋群にも放散を起こすことができる。

（7） 実施上のチェックポイント

①	回旋運動を最初に始めたか？	回旋運動
②	回旋運動に続いて**運動線は対角方向**へと進められたか？	運動線は対角方向
③	パターンの「**わだち**」は正しくたどられていたか？	わだち
④	**遠位部**が最初に動いたか？	遠位部
⑤	圧迫・伸張・牽引・圧縮などで**痛み**が出なかったか？	痛み

5 特別なテクニック

　PNFには特別な結果を促進するテクニックとさまざまな戦略がある。それには異なった組み合わせとして，等張性収縮（短縮性収縮と伸張性収縮）と等尺性収縮の組み合わせがある。次に説明するPNFのテクニ

ックはノットとボス，サリバン，マルコス，サーバルグの考えに基づくものである。

（1） リピーテッド・コントラクション（主働筋への直接的な働きかけ）

このテクニックはある特定の動きを行う中で，疲労が見られるまで収縮を繰り返すもので，筋力と持久力の開発を助け，中枢神経の経路を通してインパルスの伝達を容易にする。

あまり専門的でないリピーテッド・コントラクションの形式は等張性収縮のみを使う。

① 弱い筋組織を促通するために，より強い拮抗筋パターンの筋肉の等張性収縮を行う。より専門的な形式は，弱いピボットアクションに結果的に生じるオーバーフローの抵抗に対して最初に行われる。

② アスリートは自動的な動きの中でパワーの弱く感じるポイントで，「保持」というコマンドを受けて，等尺性収縮を行う。

③ 弱いピボットで抵抗が増してきたらアスリートは再度「引け」というコマンドを受けて，等尺性収縮から等張性収縮に移行する。

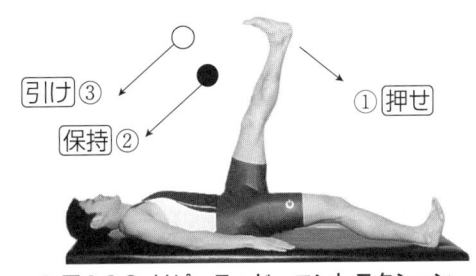

● 図 3-2 ● リピーテッド・コントラクション

（2） スロー・リバーサル（拮抗筋による逆運動）

このテクニックは主働筋の働きを改善し，拮抗筋の正常な逆転を促通し，拮抗筋の筋力を開発する。できるだけ自動的な可動範囲いっぱいに動かすために抵抗は常に変化させる。

① 拮抗筋の等張性収縮を行う。

② 主働筋の等張性収縮を行う。

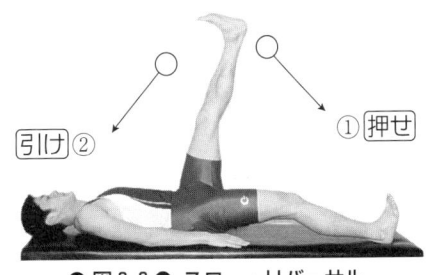

● 図 3-3 ● スロー・リバーサル

（3） リズミック・スタビリゼーション（拮抗筋の逆運動）

このテクニックは，ホールディングパワー，リラクセーション，局所の血液循環の増加を引き出す。収縮の強さは，全体の順序の中で徐々に高めていく。

① 主働筋の等尺性収縮を行う。
② 拮抗筋の等尺性収縮を行う。

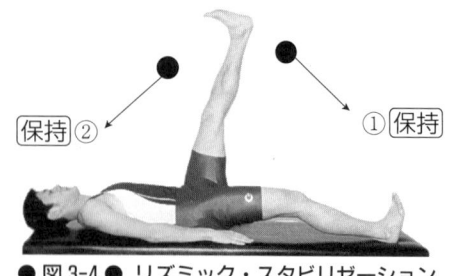

● 図3-4 ● リズミック・スタビリゼーション

（4） コントラクト・リラックス（リラクセーション）

このテクニックは可動域の改善に使われる。方法を間違えるとこのテクニックは，筋肉の中で緊張が徐々に大きくなるため障害を起こす危険性がある。

① パートナーに対する抵抗のポイントから拮抗筋の最大の等張性収縮を行う。
② 少しリラックスする。
③ パートナーは可動域の制限を再度感じるポイントまで，できるだけ可動範囲を広げて四肢や体幹を受動的に動かす。
④ ①～③を繰り返す。

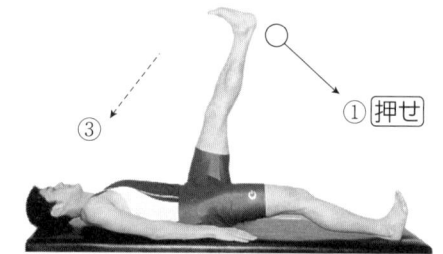

● 図3-5 ● コントラクト・リラックス

（5） ホールド・リラックス（リラクセーション）

このテクニックは，ある関節の片側の筋肉が硬くて可動域が制限されている場合に効果的な等尺性のテクニックである。

① 拮抗筋の等尺性収縮を行う。
② 少しリラックスする。
③ 新たに制限を感じるポイントまで獲得した可動域を通して，最小の抵抗に対して主働筋の等張性収縮を行う。

● 図3-6 ● ホールド・リラックス

6 PNF のパターン

(1) PNF のパターンについて

　PNF パターンは特別な筋肉の活動とは逆に，全体のムーブメントと関係がある。前に確認した特殊なテクニックは，いずれかの PNF パターンで用いられる。

　PNF テクニックは，ほとんどのスポーツと通常の日常生活動作で要求される動きと似ている回旋と対角方向のエクササイズパターンの両方で成り立っている。エクササイズパターンには，屈曲―伸展，外転―内転，外旋―内旋という 3 つの構成された動作（図 3-7）がある。

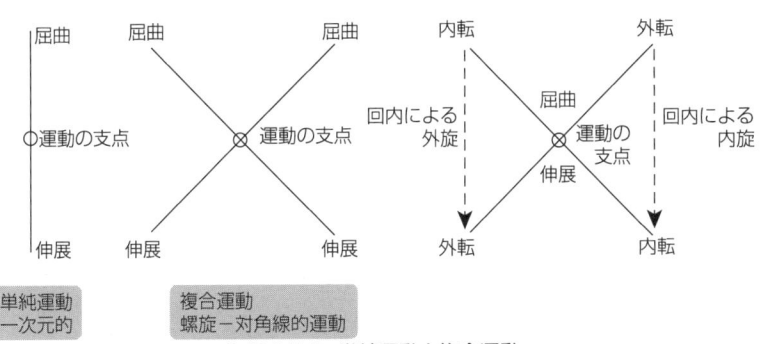

● 図 3-7 ● 単純運動と複合運動

　人間の動作はパターン化されており，まれに直線的な動きが含まれるが，それは全て筋肉が本来螺旋や対角方向に並んでいるからである。

　PNF パターンには，上肢，下肢，上部体幹，下部体幹，頚の異なった対角と回旋ムーブメントがある。エクササイズパターンはその筋群を延長したり，ストレッチしたポジションにおいてから開始する。その筋群は次に収縮し，短縮したポジションに可動域を通して四肢や体幹を動かす。

　上肢と下肢はそれぞれ対角 1（D1）と対角 2（D2）という 2 つの異なった対角方向のムーブメントパターン（図 3-8）がある。

　治療の目的は，互いに拮抗する対角線パターンの全可動域にわたって

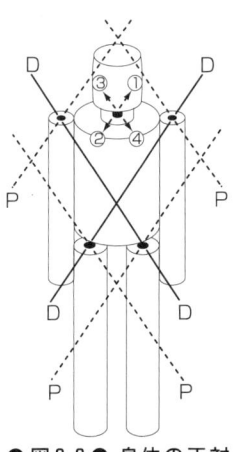

● 図 3-8 ● 身体の正対角線（D）と運動方向を示す平行線（P）を含めたバリエーション

第 3 章　PNF の実際　49

力のバランスがとれ，促通パターン同士がよく協調した能力を獲得することである。

健常者は自由に肢位を変えることができるので，肢位によって重力の作用が異なる。また運動に関係する反射機構の影響や相互作用，あるいは姿勢による影響も考慮する。

・筋緊張は緊張性迷路反射によって高められる。
・用手接触は，拮抗筋群により動筋群上を圧迫することによって適切な感覚刺激となる。
・伸張は，反応を増強させるための適切な方法である。
・抵抗はより多くの運動単位を参加させ，反応を強化するために用いる。

（2） 共同運動の組み合わせ

1） 片側性パターン

〔上肢〕

		肩関節	肩甲骨	手関節
図 3-9 ①		屈曲—外転—外旋	後方挙上	橈屈—背屈
		伸展—内転—内旋	前方挙上	尺屈—掌屈
図 3-9 ②		屈曲—内転—外旋	前方挙上	橈屈—掌屈
		伸展—外転—内旋	後方下制	尺屈—背屈

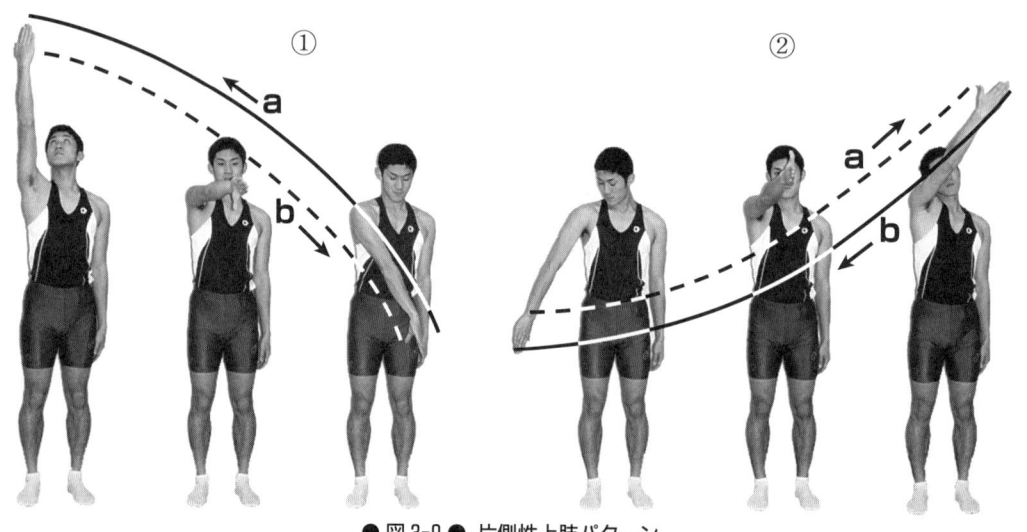

● 図 3-9 ● 片側性上肢パターン

〔下肢〕　　　　　股関節　　　　　　骨盤帯　　　　足関節

図 3-10 ┌ 屈曲―内転―外旋　　前方挙上　　背屈―内反
　　　　└ 伸展―外転―内旋　　後方下制　　背屈―外反

図 3-11 ┌ 屈曲―外転―内旋　　後方挙上　　背屈―外反
　　　　└ 伸展―内転―外旋　　前方下制　　底屈―内反

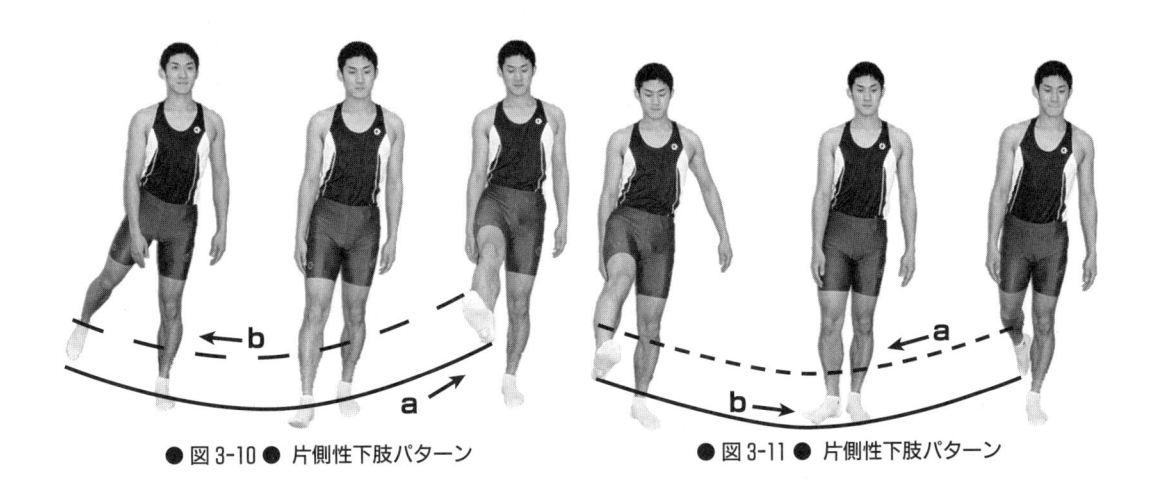

● 図 3-10 ● 片側性下肢パターン　　　　● 図 3-11 ● 片側性下肢パターン

2) 両側性パターン

① 対称性（図 3-12）
② 非対称性（図 3-13）
③ 相反性（図 3-14）
④ 交叉性（図 3-15）

屈曲・内転・外旋パターン
● 図 3-12 ● ①上肢の対称性パターン

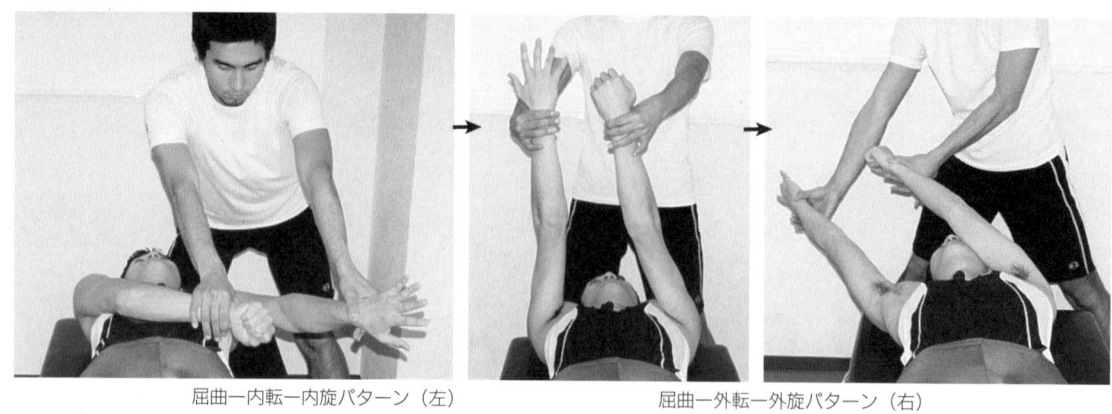

屈曲―内転―内旋パターン（左）　　　　　　　屈曲―外転―外旋パターン（右）
● 図 3-13 ●　②上肢の非対称性パターン

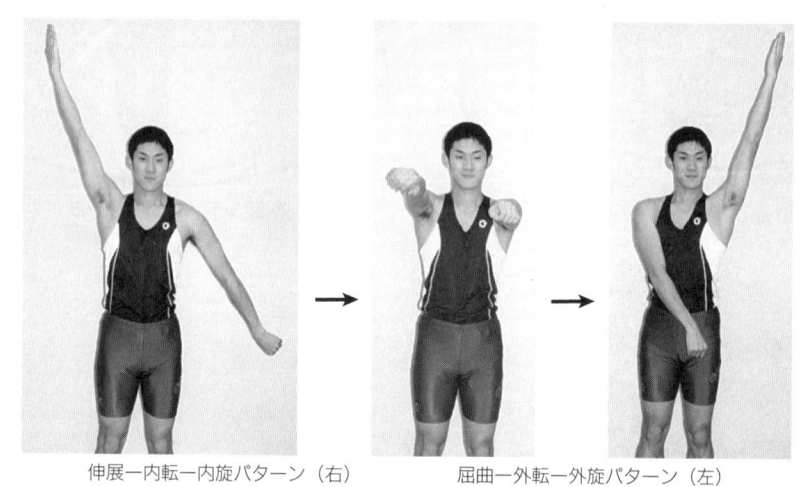

伸展―内転―内旋パターン（右）　　　　　　　屈曲―外転―外旋パターン（左）
● 図 3-14 ●　③上肢の相反性パターン

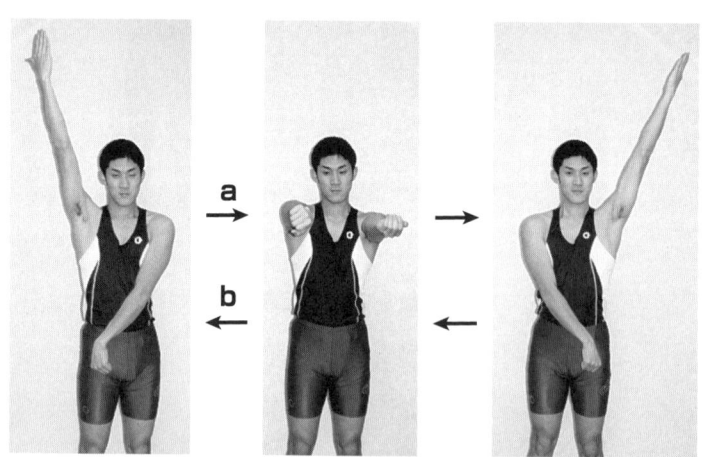

a．屈曲―外転―外旋パターン　　　　b．伸展―内転―内旋パターン
● 図 3-15 ●　④上肢の交叉性パターン

7 PNF 治療テクニック

(1) 頸部から体幹上部の PNF

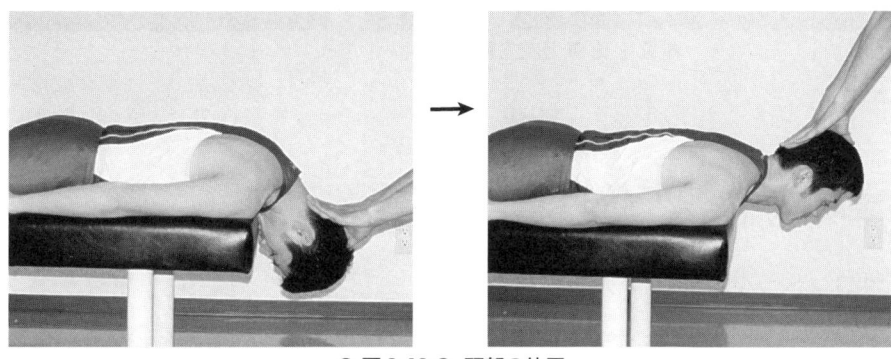

● 図 3-16 ● 頸部の伸展

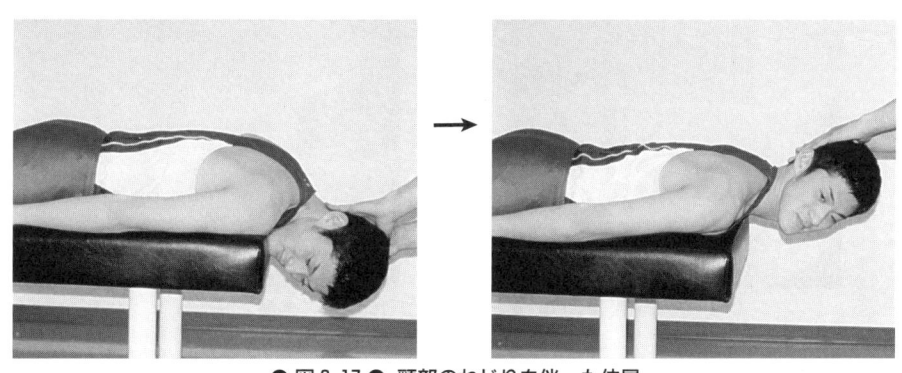

● 図 3-17 ● 頸部のねじりを伴った伸展

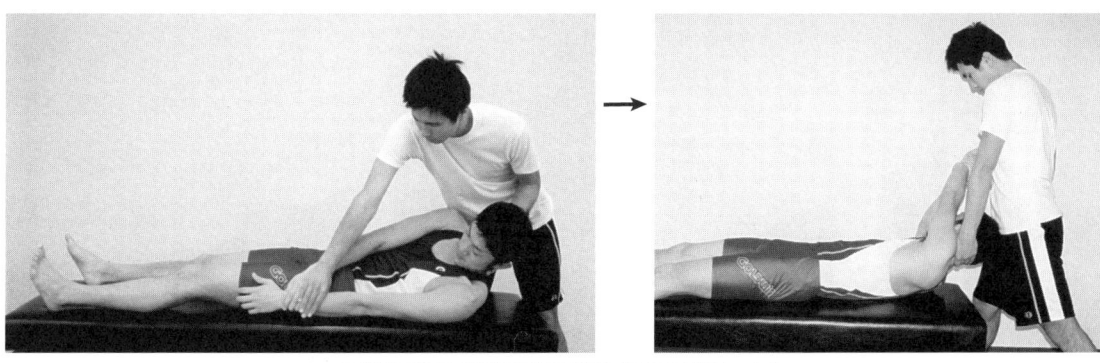

● 図 3-18 ● 回旋を伴う伸展（振り上げパターン）

第3章 PNF の実際

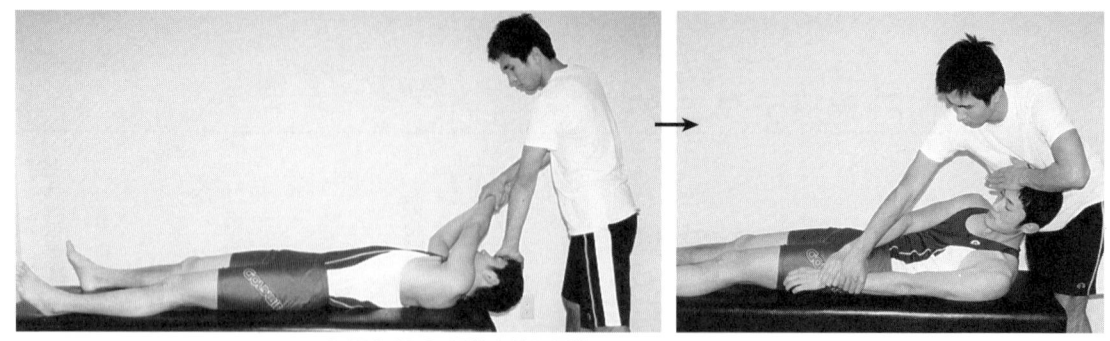

● 図 3-19 ● 回旋を伴う屈曲（振り下ろしパターン）

(2) 肩関節から上腕の PNF

1) 両側性コントラクト・リラックス

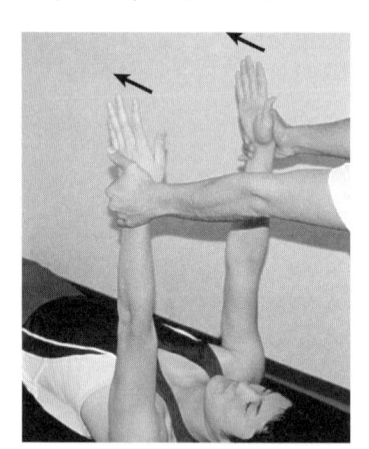

● 図 3-20 ● 両肩90°屈曲位での屈曲・伸展

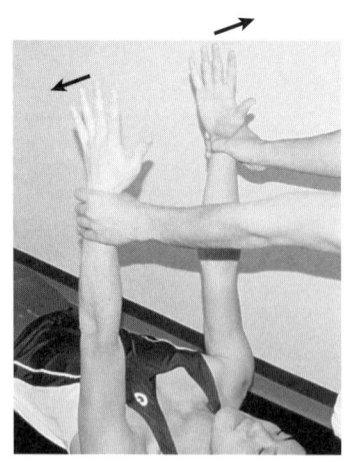

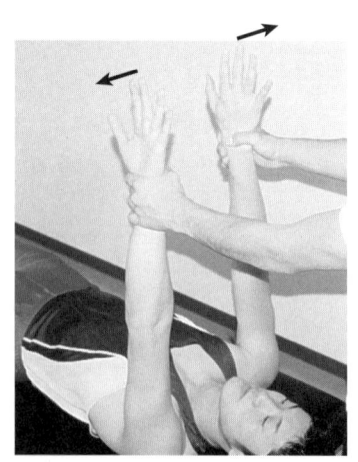

● 図 3-21 ● 両肩90°屈曲位での外転

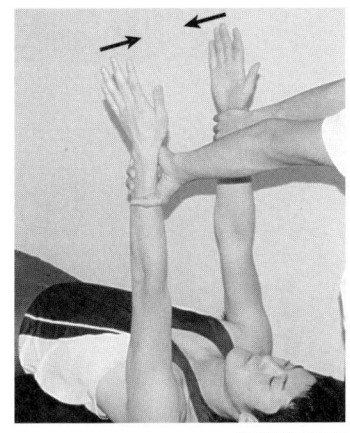

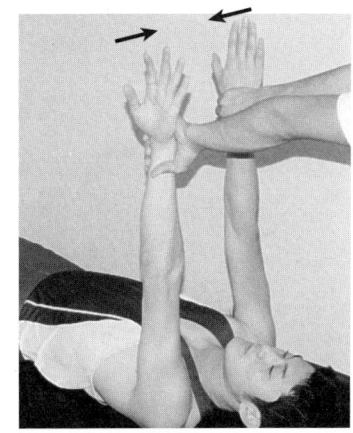

● 図 3-22 ● 両肩90°屈曲位での内転

2） 片側性コントラクト・リラックス

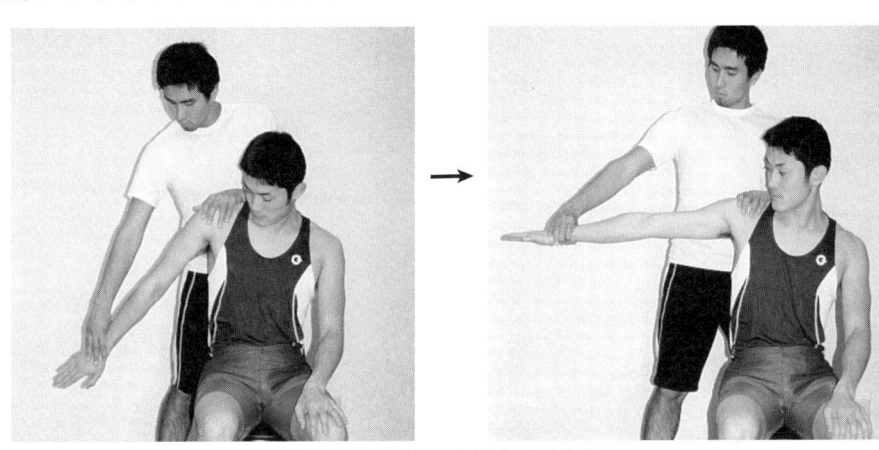

● 図 3-23 ● 肩30°外転から挙上

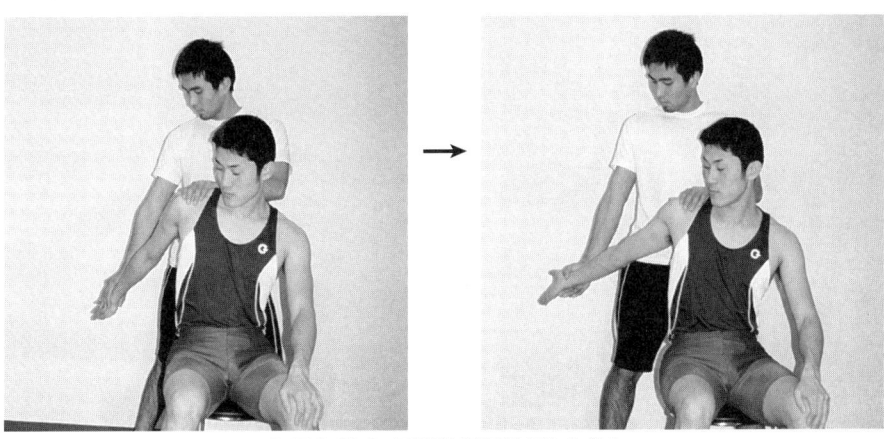

● 図 3-24 ● 肩30°外転45°伸展から挙上

第3章　PNFの実際　55

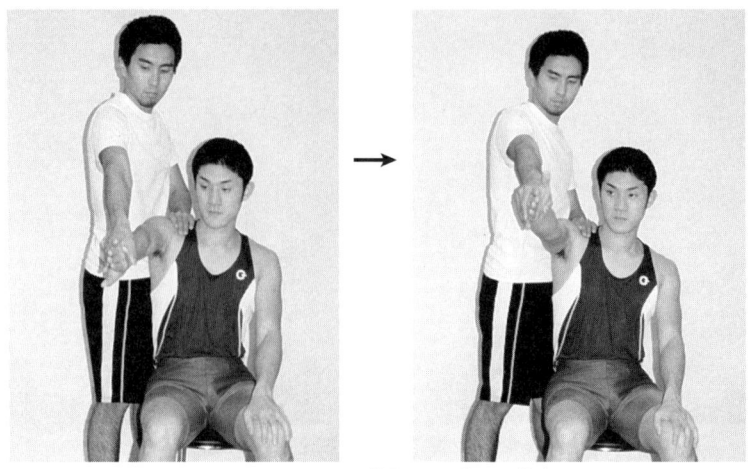

● 図 3-25 ● 肩60°外転45°屈曲から挙上

（3） 肘・手関節の PNF

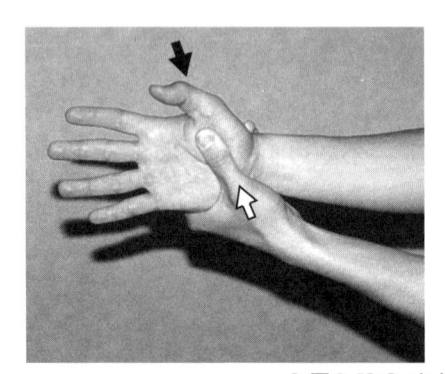

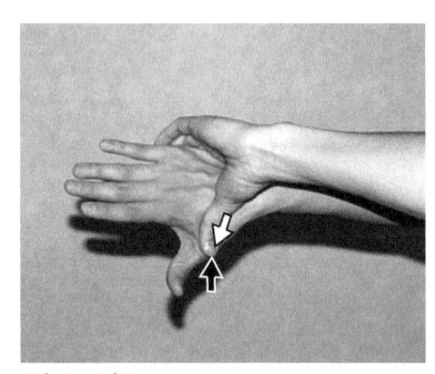

● 図 3-26 ● カウンター・アクティビティ

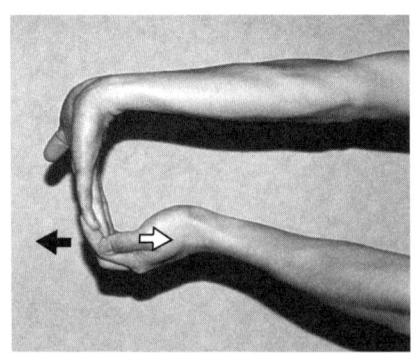

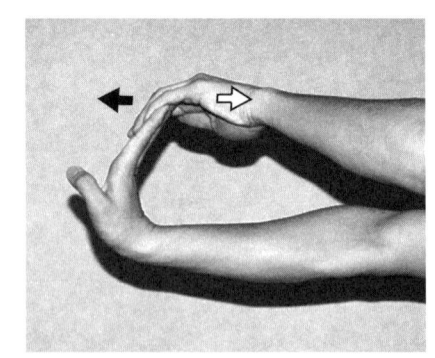

● 図 3-27 ● カウンター・アクティビティ

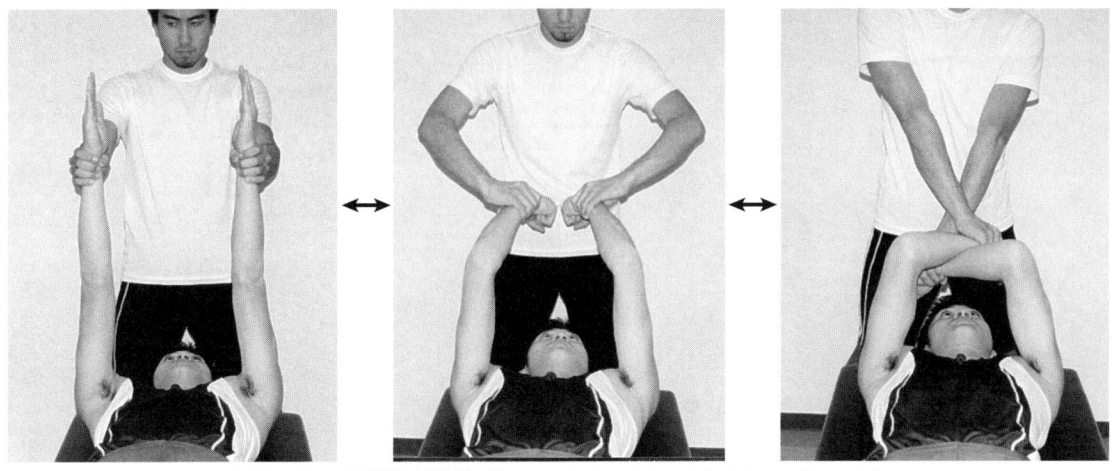

● 図 3-28 ● **両側性対称性パターン**（屈曲―内転―外旋と伸展―外転―内旋）

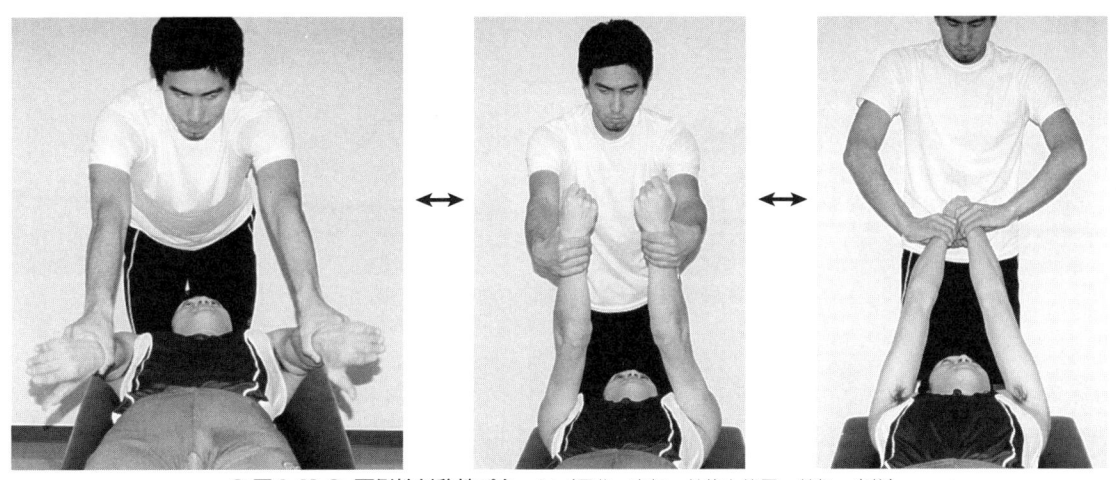

● 図 3-29 ● **両側性対称性パターン**（屈曲―内転―外旋と伸展―外転―内旋）

（4） 体幹下部の PNF

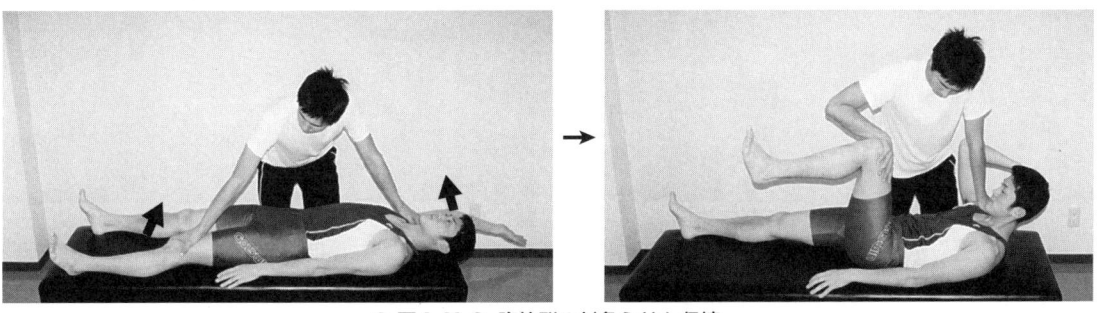

● 図 3-30 ● **腹筋群の対角らせん収縮**

第3章 PNF の実際

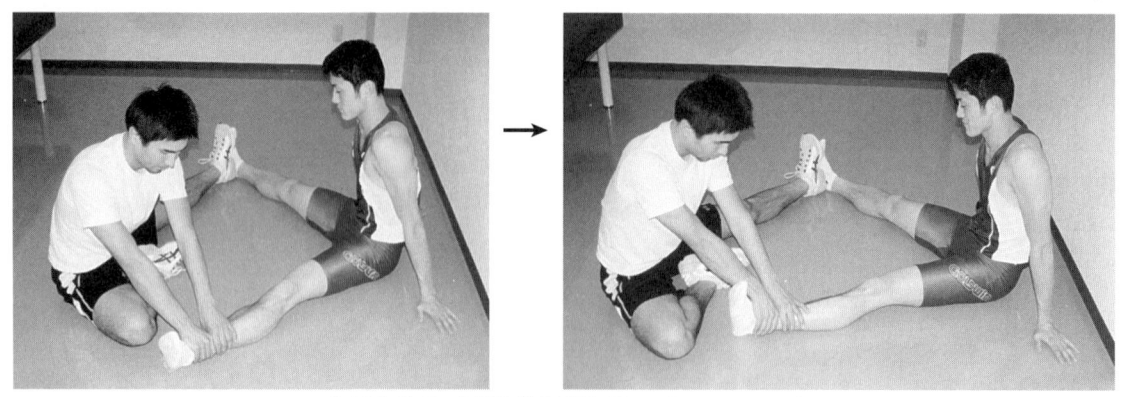

● 図 3-31 ●　内転筋群の伸張（ホールド・リラックス）

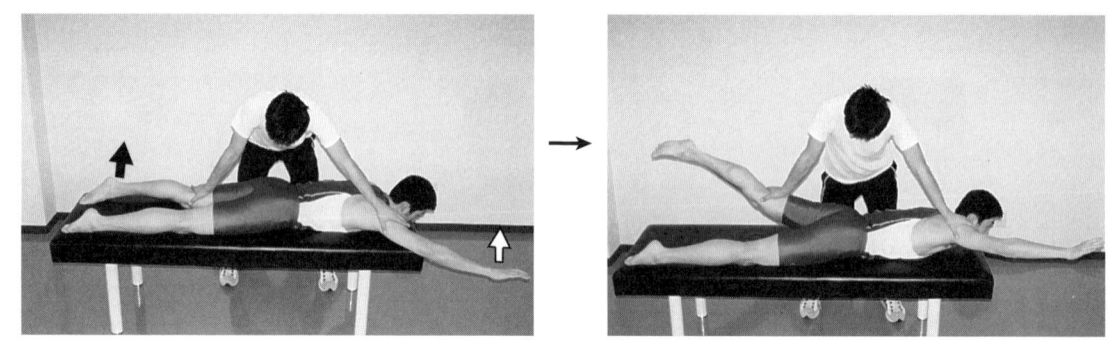

● 図 3-32 ●　腰背筋群の対角らせん収縮

（5）股関節から大腿部の PNF

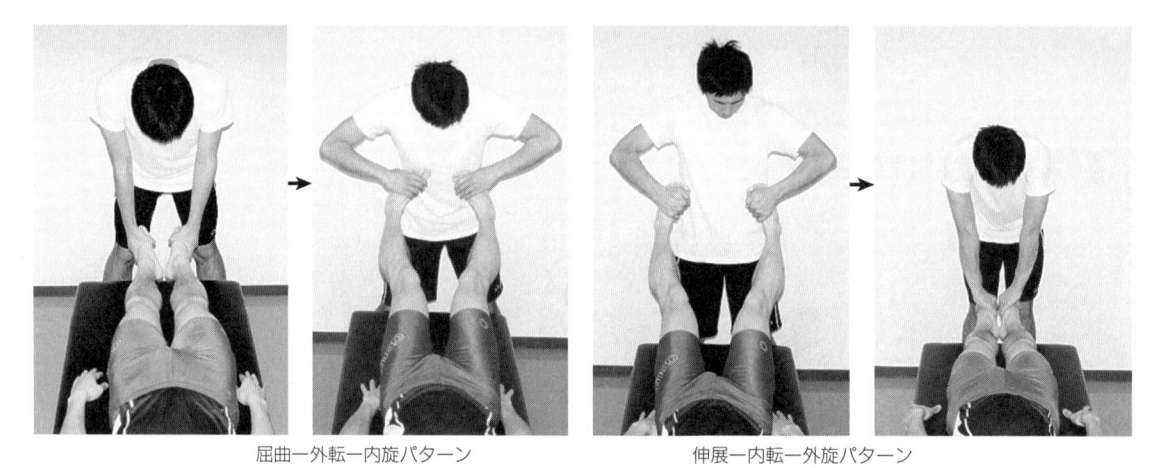

屈曲―外転―内旋パターン　　　　　　伸展―内転―外旋パターン
● 図 3-33 a ●　両側性対称性パターン

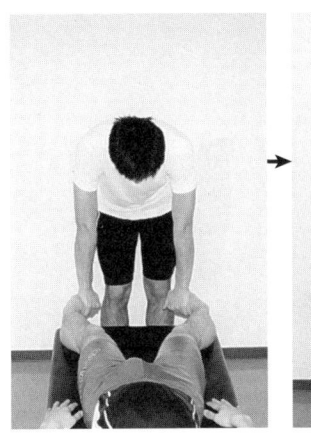

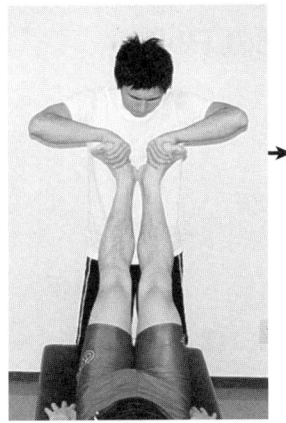

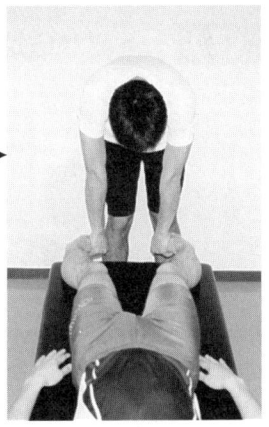

屈曲―内転―外施パターン　　　　　　　　　伸展―外転―内旋パターン
● 図 3-33 b ● 両側性対称性パターン

(6) 膝関節の PNF

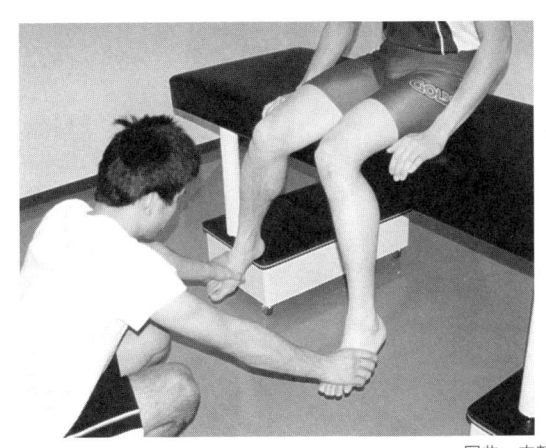

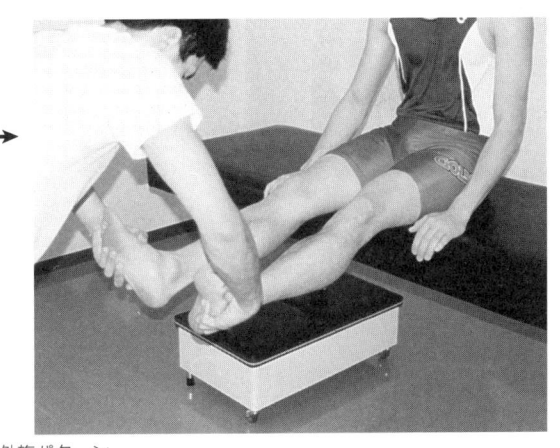

屈曲―内転―外旋パターン
● 図 3-34 ● 両側性対称性パターン

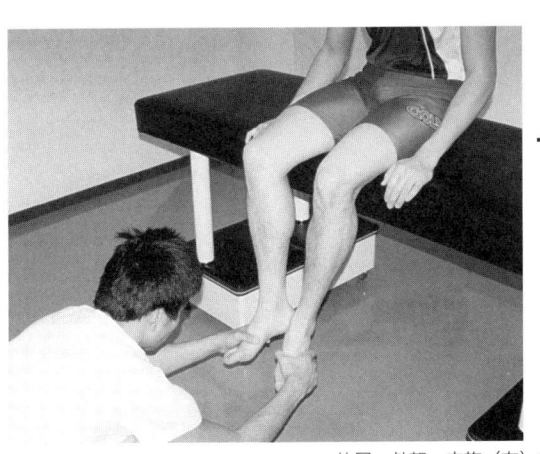

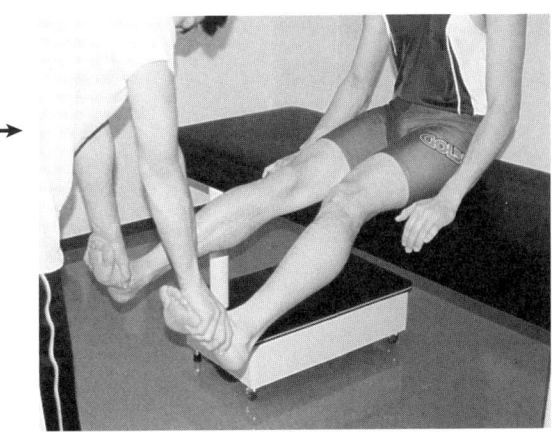

伸展―外転―内旋（左）および屈曲―内転―外旋（右）
● 図 3-35 ● 両側性相反性パターン

第3章　PNF の実際

（7） 下腿から足部の PNF

屈曲—内転—外旋

伸展—外転—内旋

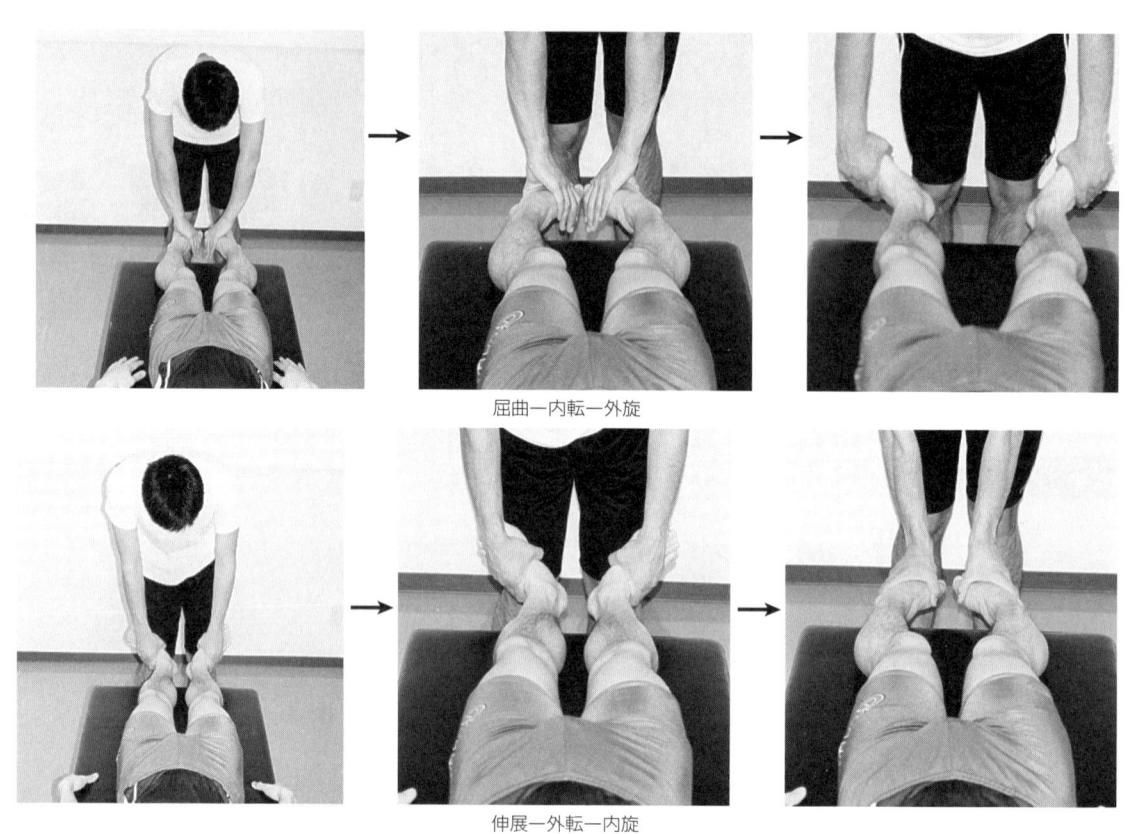

● 図 3-36 ● 両側性対称性パターン

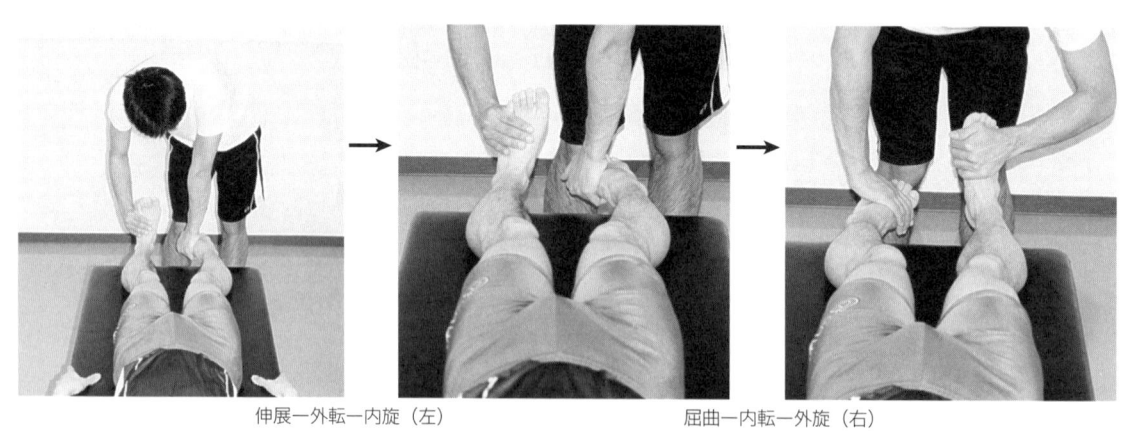

伸展—外転—内旋（左）　　　　屈曲—内転—外旋（右）
● 図 3-37 ● 両側性相反性パターン

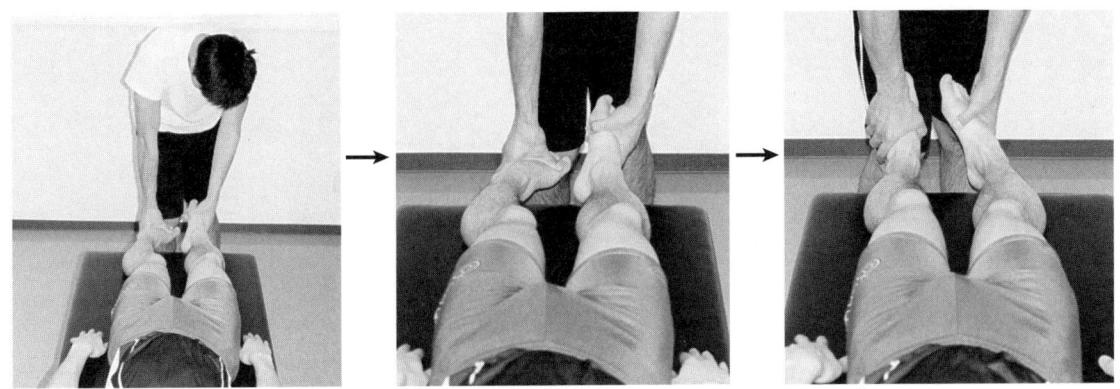

屈曲—外転—内施（左）　　　　　　　　　屈曲—内転—外施（右）

● 図3-38 ● 両側性非対称性パターン

【参考文献】
1）魚住廣信『筋力強化とリハビリテーションのためのPNFテクニック〈改訂版〉』H. S. S. R. プログラムス，1993年

まとめ

1 PNFとは，「固有受容器（筋紡錘・ゴルジ腱器官）の刺激によって神経筋のメカニズムを促進したり，促通する方法」である。

2 PNFテクニックとは，筋肉の長さや張力に対して求心性インパルスを発射する固有受容器（筋紡錘・ゴルジ腱器官）などに刺激を加えることにより，目的とする神経―筋メカニズムの反応を高めようとする働きかけである。

3 PNFには特別な結果を促進するテクニックがあり，等張性収縮(短縮性収縮と伸張性収縮）と等尺性収縮の組み合わせによって行われる。

4 PNFパターンはからだ全体のムーブメントと関係がある。

5 PNFのエクササイズパターンは，屈曲―伸展，外転―内転，外旋―内旋という3つの動作から成り立っている。

6 PNFの注意事項を守りながら，基本テクニックをマスターしよう。

第4章

関節モビリゼーションの実際

1 はじめに

　今日ではモビリゼーションテクニックは，多くのスポーツ医学界で使用されている。なぜなら牽引を用いるモビリゼーションテクニックは，多くのスポーツ障害に対してもっとも効果が得られる治療法であることが証明されているからである。

　全てのスポーツ障害に用いるテクニックは，第一に障害の悪化を防ぐ必要がある。そして次にスポーツ選手が必要とするリハビリテーションと運動機能を増進させるプログラムを開始すべきである。スポーツ障害に対処するには，自分の手で感じ取りながら練習や経験を確実に重ねることが，もっとも重要なポイントとなる。

モビリゼーションの定義

　モビリゼーションとは，「関節可動域を受（他）動的に改善する技法」と定義される。スポーツによる関節への障害や手術を受けた後は，常にある程度の可動性減少が認められる。もちろん手術後にできる組織内の瘢痕（はんこん）などを原因とする可動性の減少は，受動性運動により最小限にまで減少する。しかし多くの患者は，元の正常な状態にまで回復できずにいる。モビリゼーションの目的は，**残された関節の可動性を回復させ，痛みを取り除くことにある。**

> **モビリゼーション**
> 　関節可動域を受(他)動的に改善する技法。
> 　その目的は，残された関節の可動性を回復させ，痛みを取り除くことにある。

2 モビリゼーションの基礎知識

(1) 基本的な関節の動き

　関節には基本的に2つの動きが作用している。1つは**生理的な動き**で，もう1つは**補助的な動き**である。生理的な動きは，筋肉が収縮することで起こる能動運動である。四肢は解剖学的位置における冠状面から次のように動く。

　①屈曲　②伸展　③外転　④内転　⑤回旋

　補助的な動きは，主に1つの関節面上での動きで，相対する関節面上で次のように動く。

　① スピン（回旋）（図4-1）は，構造学的に縦軸上での回転運動で，時計回りまたは反時計回りに動く。

　② ロール（ころがり）（図4-2）は，相対する関節面に対して1ヵ所またはいくつかの部位が接触しながら動くが，常に同じ方向に動く。膝関節を例にあげる。大腿骨は伸展時に脛骨上で前方にロールしながら動く。また反対に屈曲時では，後方にロールしながら動く。

　③ スライド（滑り）または平行移動（図4-3）は，同じ関節面上をいくつかの部位が接触しながら平行に動く。純粋な滑りは，向かい合う両関節面が平坦，または対する面のカーブに重なり合うような凹凸面上でのみ行われる。滑りはロール運動と同時に行われることは，ほとんどない。

● 図4-1 ● スピン（回旋）

● 図4-2 ● ロール（ころがり）

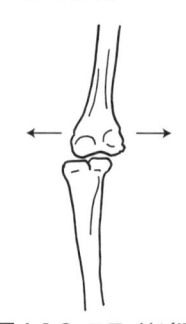

● 図4-3 ● スライド（滑り）

(2) 滑り運動と関節面構造との関係

　凸側の関節面が固定されると凹側の関節は，ロール運動と同じ側に滑る。反対に凹側が固定されると凸側の関節面はロール運動と反対側に滑る。（図4-4，凹凸の法則）

　可動性が減少している関節には，滑り運動を用いたテクニックを行う。構造を理解し，正しい方向に行うためには，凹凸状関節の構造を

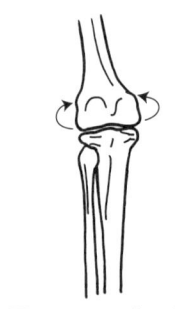

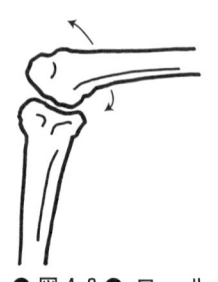

● 図4-4 ● 凹凸の法則

正確に把握しておくことが重要なポイントとなる。

(3) 生理的な動きと補助的な動き

生理的な動きは**随意運動**であり，補助的な動きは**生理的運動**に付随して行われる。補助的な動きは，時に随意的に動くが，独力で動くことはなく，必ず別の力を必要とする。生理的運動による完全な可動域を補うためには，正常な補助的運動が同時に働く必要があり，この補助的運動が制限されると冠状面における生理的運動を正常に行うことができなくなる。

> 随意運動
> 生理的運動

(4) 関節の静止状態

身体に含まれる多くの関節が，最大限の動きを行うためには関節包や靱帯がリラックスした状態でなければならない。このリラックスした状態を**関節の静止状態**と呼ぶ。関節の静止状態は，最初に行う検査や可動性亢進障害に対するモビリゼーションテクニックに用いる。

> 関節の静止状態

休んだ姿勢で関節はゆるんだ状態になり，相対する関節面は最大に離れる。反対に関節面が近づいた状態では，関節包や靱帯が緊張して，関節面が最大接近する。

3 モビリゼーションの基本原則

(1) 基本原則

① モビリゼーションテクニックは，**相対する1つの関節**に用いられ，治療プランに合わせて関節面の水平方向に行う。

② 移動面が関節の表面と垂直に向かい合う場合，または向かい合う関節面が凸上であり，回旋の軸が凹上面の中央に位置するのであれば，モビリゼーションによる治療方向は，相対する関節面に平行となる**滑り方向**である。（図4-5）

③ モビリゼーションは，特定の関節面に対して，正しい方

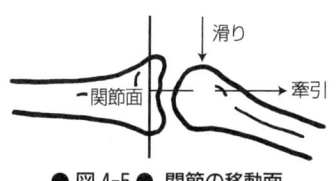

> 相対する1つの関節
>
> 滑り方向

● 図4-5 ● 関節の移動面

向に振動や滑り運動を施すために，凹凸の法則に従いながら行う。凹面を固定し，凸面を滑らせながら動かすと，関節の抵抗は滑りの反対側に引き起こる。反対に凸面を固定した状態で振動すると凹面を滑らせる方向に抵抗が生じる。(図4-6)

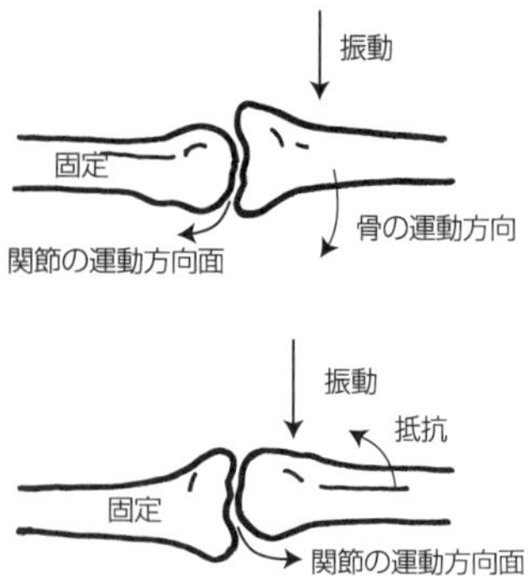

④　関節を正確に固定するために片側はできるだけ関節面に近い部分を支える。振動を加える側は，しっかりと固定してつかむ。そして1度に1ヵ所の関節を動かしながら，テクニックを施す。

⑤　モビリゼーションは，緊張している関節をゆるんだ状態に戻すことが目標となる。

⑥　モビリゼーションは，治療をほどこす側と，受ける側が両方ともリラックスできる無理のない体勢をとる。

● 図4-6 ● 凹凸面ルール

凹凸の法則

（2）　モビリゼーションテクニックの主な指標

①　3～6セットの振動。

②　1回のセットの時間は，20～60秒。

③　1秒間に1回から3回の振動。

4 一般的注意事項

①　治療には専門的な知識が必要である。

②　安全を考えて，テクニックを熟知し，会得した経験のある者のみが用いるようにする。

③　毎回関節の可動性や関節に含まれる固有受容器が前回の検査と比べて正常な過程で回復しているか，比較する必要がある。

5 四肢に用いるテクニック

(1) 上肢へのテクニック

1) 胸鎖関節
　胸鎖関節 (図4-7) の鎖骨側は，上方から下方への凸面で，前方から後方では凹面を形成しているため，上方から下方へモビリゼーションを行えば，凸面に対するテクニックとなり，前方から後方へのモビリゼーションは凹面に対するテクニックとなる。

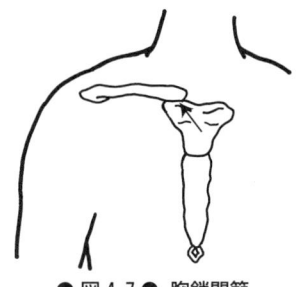

● 図4-7 ● 胸鎖関節

a．鎖骨の後方，上方への滑り運動
　親指を鎖骨にコンタクトして行う。後方への滑り運動は，鎖骨をトラクションさせ，上方への滑り運動は鎖骨を引き上げる。(図4-8)

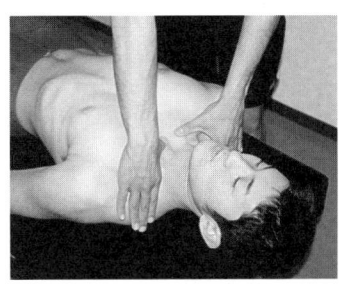

● 図4-8 ● 鎖骨の後方，上方への滑り運動

2) 肩鎖関節
　肩鎖関節では，鎖骨側は凸面で，肩方は凹面の関節を形成している。解剖学的位置では，矢状面に対して水平に60度の角度にある。(図4-9)

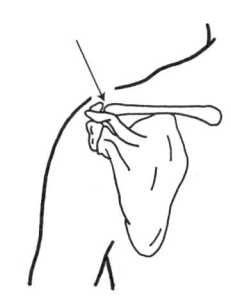

● 図4-9 ● 肩鎖関節

a．肩鎖関節での鎖骨後方滑り運動

肩甲骨を片手で固定した状態で，鎖骨のコンタクトをしながら後方に向けて行う。このテクニックは，肩鎖関節の可動性減少を取りのぞく。（図 4-10）

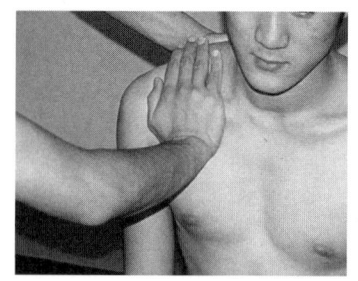

●図 4-10● 肩鎖関節での鎖骨後方滑り運動

3） 肩甲上腕関節

肩甲上腕関節では，上腕骨頭が凸面で肩甲骨関節窩が凹面である。解剖学的位置での上腕骨は，55度外転，水平内転 10 度とともに外旋した状態で，前腕が体面と水平な状態になる。肩甲骨関節窩上での上腕骨に対して行う。（図 4-11）

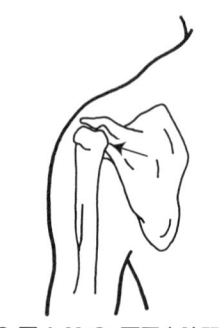

●図 4-11● 肩甲上腕関節

a．肩甲上腕関節での前後滑り運動

片手で肩甲骨を固定した状態で，上腕骨を反対の手で前後に行う。このテクニックは，肩の痛みに対する最初の治療法となる。（図 4-12）

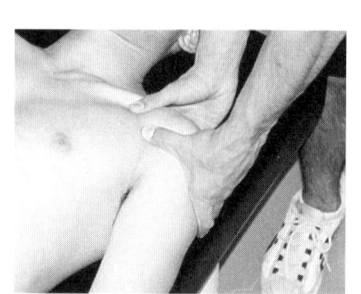

●図 4-12● 肩甲上腕関節での前後滑り運動

b．上腕骨後方滑り運動

片方の手でひじに近い上腕骨を後方から固定して反対の手で上腕骨に近い部位にコンタクトして行う。このテクニックは，肩甲上腕関節の屈曲と内旋の可動性を回復させる。（図 4-13）

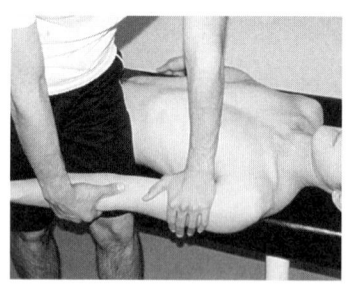

●図 4-13● 上腕骨後方滑り運動

c．上腕骨前方滑り運動

患者を伏臥位にした状態で行う。片方の手で上腕骨遠位部を固定して，反対の手で上腕骨頭を後方から前方に向けて行う。このテクニックは，肩甲関節の伸展と外旋の可動性を回復させる。（図4-14）

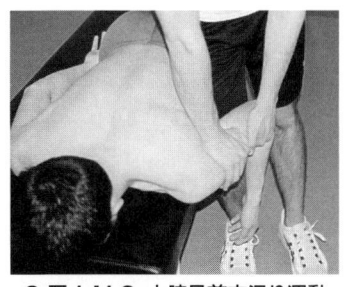

● 図4-14 ● 上腕骨前方滑り運動

d．上腕骨下方滑り運動

患者を椅子に座らせて，前腕を治療台の上に休ませた状態で行う。片方の手で肩甲骨を固定して，反対の手で上腕骨頭を上方から下方に向けて行う。このテクニックは外転の可動性を回復させる。（図4-15）

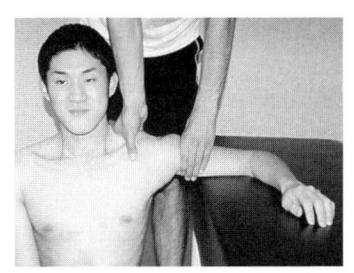

● 図4-15 ● 上腕骨下方滑り運動

e．内旋と外旋による回旋振動テクニック

上腕骨を90度外転した状態で，患者が耐えられるまでの内旋と外旋を加え，失われた可動域を回復させる。（図4-16）

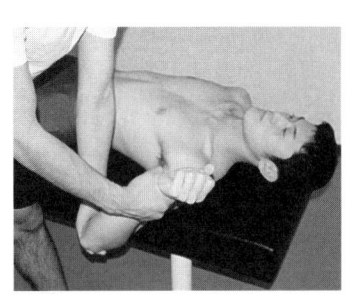

● 図4-16 ● 内旋と外旋による回旋振動テクニック

f．相対的な肩甲骨滑り運動

肩甲骨の内側縁，下角，上縁から押圧を加えながら，失われている可動性を取り戻す。このテクニックは肩甲骨と胸椎の可動性減少を回復させる。（図4-17）

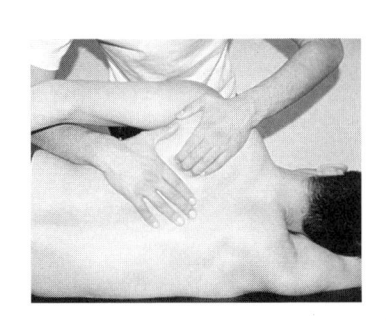

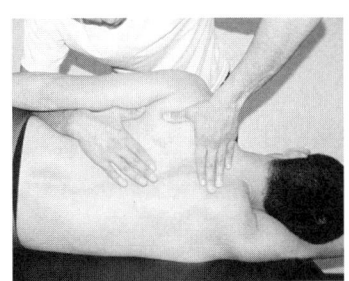

● 図4-17 ● 相対的な肩甲骨滑り運動

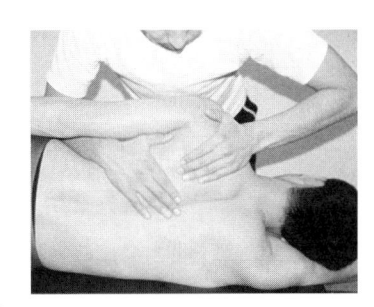

第4章　関節モビリゼーションの実際

4）肘関節

肘関節には 3 つの関節が含まれる。**腕尺関節**では上腕骨側が凸面となり尺骨側が凹面を形成している。自然体では、肘関節は 70 度屈曲して、前腕は 10 度回外している。治療を加える方向は肘頭窩と尺骨の長軸に対して 45 度の角度になる。（図 4-18）

腕尺関節

a．腕尺骨下方滑り運動

両手で肘関節尺骨を固定して体重を用いて下方に向けて行う。このテクニックは、肘関節の屈曲と伸展の可動性を回復させる。（図 4-19）

b．内方，外方振動テクニック

外反と内反へ、「てこ」の応用で短い押圧を加える。このテクニックは、肘関節の屈曲と伸展の可動性を回復させる。（図 4-20）

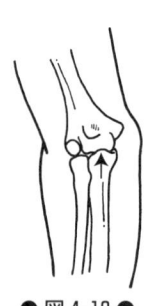

● 図 4-18 ●
腕尺関節

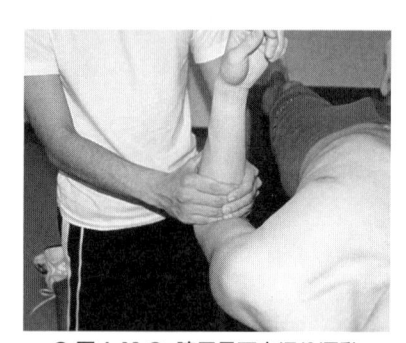

● 図 4-19 ● 腕尺骨下方滑り運動

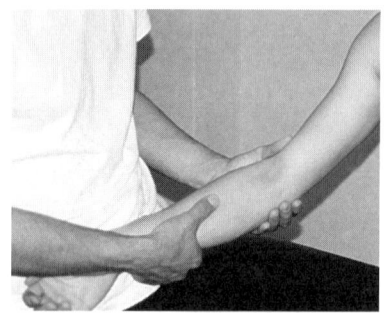

● 図 4-20 ● 内方，外方振動テクニック

腕橈関節は、上腕骨側が凸面で、橈骨側が凹面を形成している。自然体では肘関節は伸展して、前腕は回内している。治療を加える方向は、橈骨頭と垂直な橈骨の長軸に対して行う。（図 4-21）

腕橈関節

c．腕橈骨下方滑り運動

片手で上腕骨の肘関節に近い部位を固定し、反対の手で手首に近い橈骨遠位部をつかみ、橈骨を下方に向けて行う。このテクニックは、関節面を開いて、屈曲と伸展の可動性を回復させる。（図 4-22）

近位橈尺関節は、橈骨骨頭側が凸面で、尺骨の橈骨切痕側が凹面を形成している。自然体の状態では肘関節は 70 度屈曲、前腕は 35 度回内し

近位橈尺関節

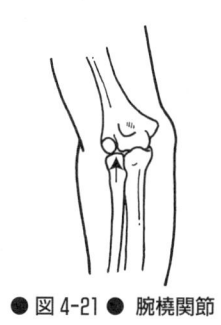

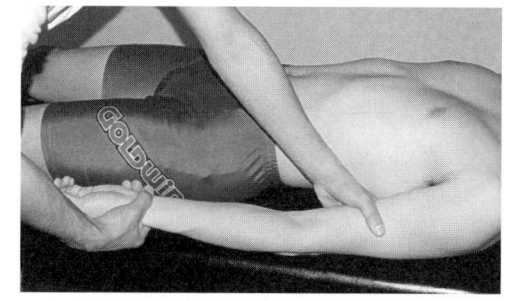

● 図4-21 ● 腕橈関節　　　● 図4-22 ● 腕橈骨下方滑り運動

ている。治療を加える方向は、尺骨の橈骨切痕に平行であり、尺骨の長軸に対して行う。(図4-23)

d．橈骨近位の前後滑り運動

示指と親指で橈骨頭にコンタクトして行う。前方への滑りは、屈曲を回復させ、後方への滑り運動は、伸展の可動性を回復させる。(図4-24)

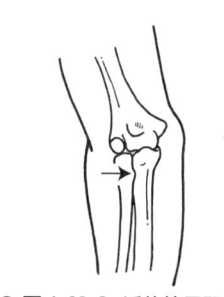

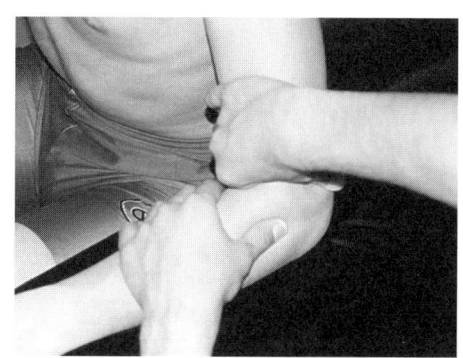

● 図4-23 ● 近位橈尺関節　　　● 図4-24 ● 橈骨近位の前後滑り運動

遠位橈尺関節では、尺骨側が凸面となり、橈骨が凹面を形成している。自然体では前腕が10度回内している。治療を加える方向は、橈骨の尺骨切痕と垂直となる橈骨の長軸に対して行う。(図4-25)

遠位橈尺関節

e．遠位橈骨の前後滑り運動

片手の尺骨を固定した状態で、反対の手で橈骨の前後滑り運動を行う。このテクニックは、回内の可動性を回復させる。(図4-26)

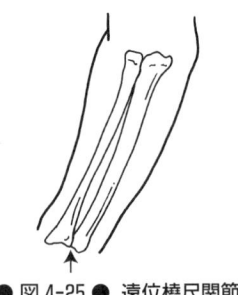

● 図 4-25 ● 遠位橈尺関節 　　　　● 図 4-26 ● 遠位橈骨の前後滑り運動

5） 橈骨手根関節

橈骨手根関節では，近位手根骨側が凸面となり，橈骨側が凹面を形成している。自然体では，第3中手骨が橈骨の延長線上に位置する。治療を加える方向面は，橈骨の長軸に垂直となる橈骨に行う。（図 4-27）

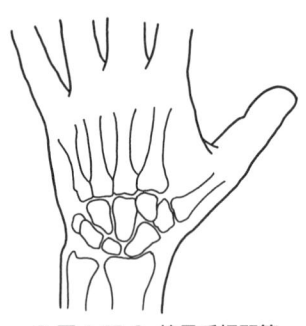

手首を治療台の端に置き，片手で尺骨と橈骨を固定し，反対の手で手根骨と中手骨をつかみ，滑り運動を4つの方向に対して行う。（図 4-28）

● 図 4-27 ● 橈骨手根関節

a．橈骨手根関節の**前方滑り運動**は，手関節での伸展の可動性を回復させる。　　　前方滑り運動

b．橈骨手根関節の**後方滑り運動**は，手関節での屈曲の可動性を回復させる。　　　後方滑り運動

c．橈骨手根関節の**尺骨側への滑り運動**は，手関節での橈骨側の可動性を回復させる。　　　尺骨側への滑り運動

d．橈骨手根関節の**橈骨の滑り運動**は，手関節での尺骨側の可動性を回復させる。　　　橈骨の滑り運動

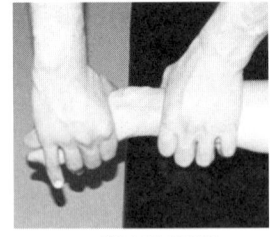

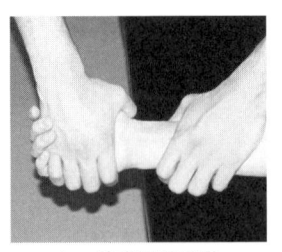

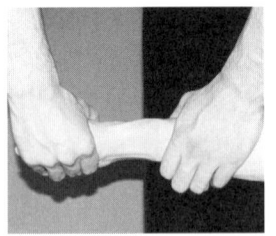

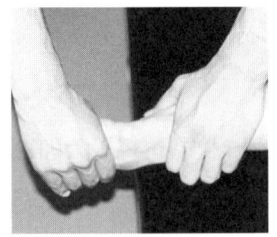

a．前方滑り運動　　　b．後方滑り運動　　　c．尺骨側への滑り運動　　　d．橈骨の滑り運動
● 図 4-28 ●

6） 中手指関節と指間関節

中手指節関節と指節間関節では，近位側の関節が凸面で遠位側の関節が凹面を形成している。自然体では，全ての関節はわずかに屈曲している。治療を加える方向は，近位側の関節に対して行う。（図 4-29）

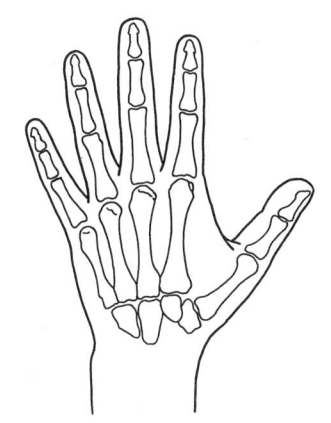

● 図 4-29 ● 中手指関節と指間関節

a．中手指節関節の前後の滑り運動

近位側となる中手骨を固定した状態で，遠い遠位側となる指節骨に行う。前方への滑り運動は，中手指節関節の屈曲の可動性を回復させる。後方へのモビリゼーションは，伸展運動を回復させる。（図 4-30）

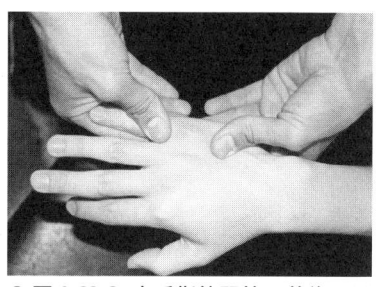

● 図 4-30 ● 中手指節関節の前後の滑り運動

（2） 下肢へのテクニック

1） 股関節

股関節では，大腿骨側が凸面で，寛骨臼は凹面を形成している。自然体での股関節は，30 度屈曲，30 度外転とともにわずかに外旋している。治療を加える方向は，寛骨臼に対して行う。股関節は頑丈に固定された関節なので，関節を効率よく可動させるために体重付加を同時に加えるようなモビリゼーションテクニックが必要となる場合がある。（図 4-31）

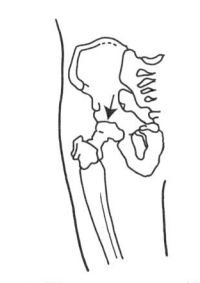

● 図 4-31 ● 股関節

a．大腿骨下方滑り運動

股関節を 90 度屈曲した状態で行う。このテクニックは股関節の屈曲と外転を回復させる。（図 4-32）

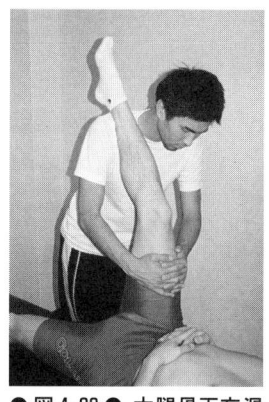

● 図 4-32 ● 大腿骨下方滑り運動

b．大腿骨内旋テクニック

股関節を内旋，股関節を屈曲した状態で反対側の寛骨を外方に向けて行う。このテクニックは内旋の可動性を回復させる。（図4-33）

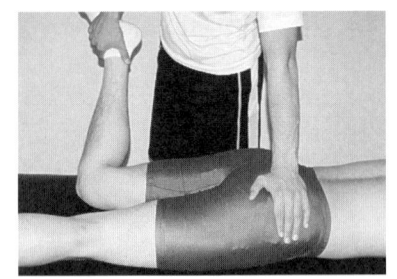

● 図4-33 ● 大腿骨内旋テクニック

c．大腿骨外旋テクニック

カエルの足のように股関節と膝関節を屈曲させて，反対側の膝窩に固定した4の字の体勢にした座骨を回旋しながらモビリゼーションを加える。このテクニックは股関節の外旋の可動性を回復させる。（図4-34）

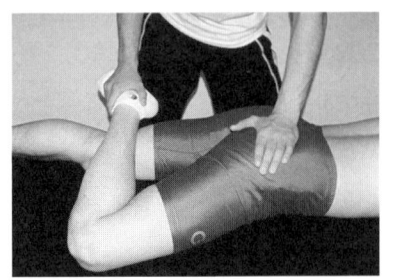

● 図4-34 ● 大腿骨外施テクニック

2）膝関節

膝関節のモビリゼーションは，大腿骨の内果と外果が凸面で脛骨側が凹面を形成している。自然体での膝関節は25度外反している。治療を加える方向は，脛骨プラトーに対して行う。（図4-35）

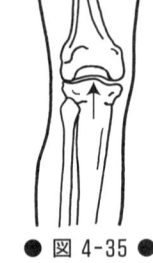

a．脛骨前方滑り運動や大腿骨後方滑り運動

膝関節の伸展がロックしている状態に用いる。（図4-36）

①前方滑り運動は，伏臥位で行い，大腿骨を固定してモビリゼーションを加える。

②後方滑り運動は，仰臥位で脛骨を固定して行い，大腿骨前面から後方に向けてモビリゼーションを加える。

● 図4-35 ●
膝関節

前方滑り運動

後方滑り運動

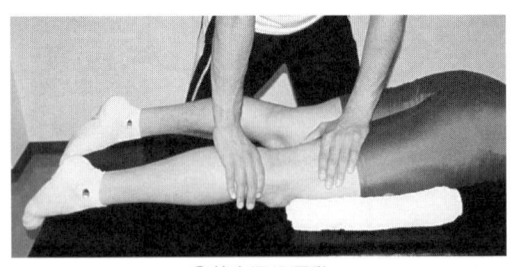

①前方滑り運動 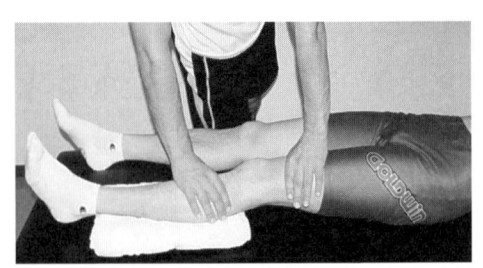　　②後方滑り運動

● 図4-36 ●

b．脛骨後方滑り運動

　仰臥位で，大腿骨を固定して脛骨を後方に向けてモビリゼーションを行う。このテクニックは，膝関節の屈曲の可動性を回復させる。(図4-37)

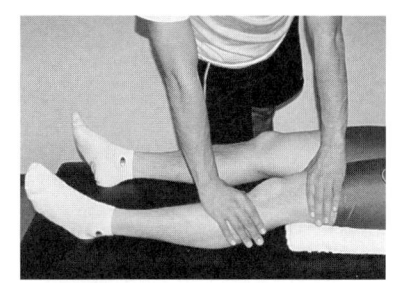

● 図4-37 ● 脛骨後方滑り運動

3） 膝蓋大腿関節

　膝蓋腱などの機能が低下している場合，膝蓋骨の可動性を回復させることが膝関節の働きを維持させるための鍵となるが，膝蓋骨は大腿骨に対して凸面で，大腿骨側が凹面を形成している。(図4-38)

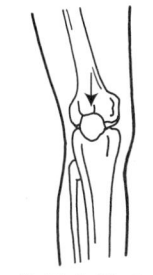

　膝蓋大腿関節へのモビリゼーションは，膝関節を完全に伸展した状態で行う。(図4-39)

a．膝蓋骨上方滑り運動は，膝関節の伸展を回復させる。
b．膝蓋骨下方滑り運動は，膝関節の屈曲を回復させる。
c．膝蓋骨内方滑り運動は，外側面をストレッチする。
d．膝蓋骨外方滑り運動は，内側面をストレッチする。

● 図4-38 ●
膝蓋大腿関節

上方滑り運動
下方滑り運動
内方滑り運動
外方滑り運動

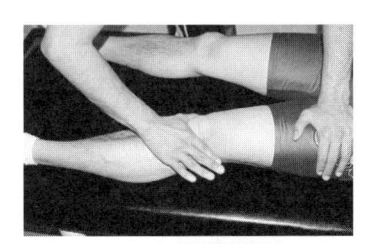

a．上方滑り運動
b．下方滑り運動 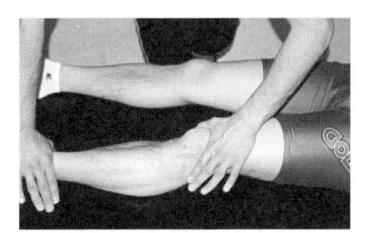
c．内方滑り運動 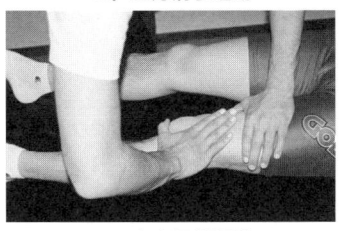
d．外方滑り運動 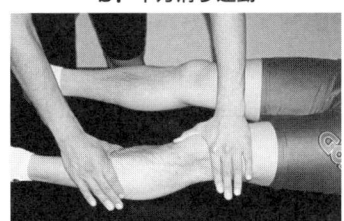

● 図4-39 ●

● 図4-40 ●
脛腓関節

4） 脛腓関節

　腓骨へのモビリゼーションは，腓骨近位部と遠位部に前方や後方に対して行う。このテクニックは，腓骨頭の可動性を回復させ，また痛みを減少させる。(図4-40)

第4章　関節モビリゼーションの実際　75

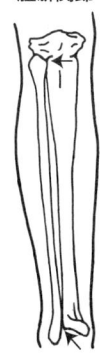

a．近位部では大腿骨を固定した状態で，膝関節をわずかに屈曲させ，腓骨頭をつつむようにコンタクトしながら前後にモビリゼーションを行う。（図 4-41）

近位部

b．遠位部では脛骨を固定して外踝を前方，後方に向けてモビリゼーションを行う。（図 4-42）

遠位部

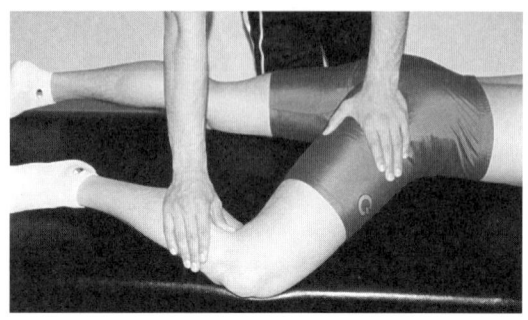

● 図 4-41 ● a．近位部

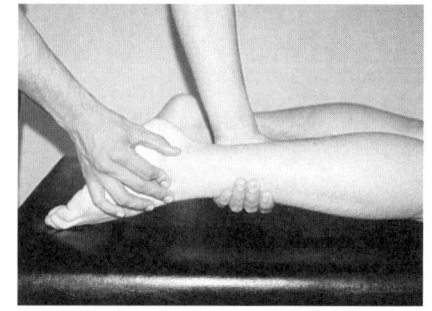

● 図 4-42 ● b．遠位部

5） 足関節

足関節のモビリゼーションテクニックは，距腿関節（きょたいかんせつ）と距骨下関節の動きに注意して行う。距腿関節の距骨側が凸面で，下腿骨側が凹面を形成している。自然体では足首は 10 度底屈しており，治療を加える方向は，距腿関節に対して前方，後方の方向に向かう。（図 4-43）

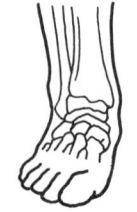

● 図 4-43 ●
足関節

a．脛骨後方滑り運動

足根骨全体を固定して，脛骨の前面を後方に向けてモビリゼーションを行う。このテクニックは，足関節の底屈の可動性を回復させる。（図 4-44）

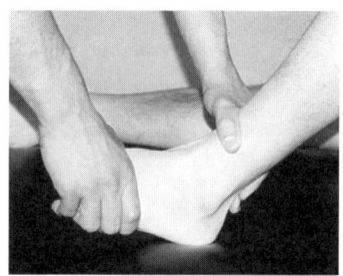

● 図 4-44 ● 脛骨後方滑り運動

b．距骨前方滑り運動

患者は仰臥位で脛骨を治療台に固定した状態で，距骨後方にコンタクトして，前方に向けてモビリゼーションを行う。このテクニックは，足関節の底屈可動性を回復させる。（図 4-45）

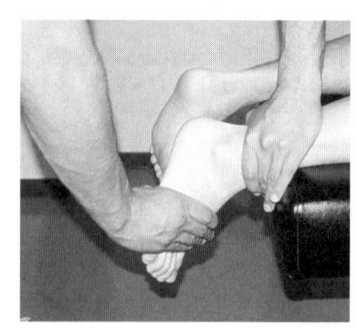

● 図 4-45 ● 距骨前方滑り運動

c．距骨後方滑り運動

患者を仰臥位にして，脛骨を治療台で固定する。距骨の前面にコンタクトして，後方に向けてモビリゼーションを行う。このテクニックは，足関節の背屈の可動性を回復させる。（図4-46）

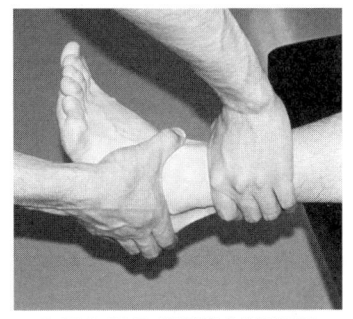

● 図4-46 ● 距骨後方滑り運動

6） 距骨下関節

距骨下関節では，距骨側が凸面で，踵骨側が凹面を形成している。自然体での距骨下関節は，関節軸が平行であり，治療は，距骨に対して平行な方向に行う。（図4-47）

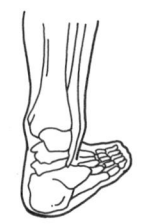

● 図4-47 ●
距骨下関節

a．距骨下関節への内方，外方滑り運動

内果と外果をつかんで固定した状態で，距骨を内方にモビリゼーションを行うことで，内反の可動性を回復させ，外方では外反の可動性を回復させる。（図4-48）

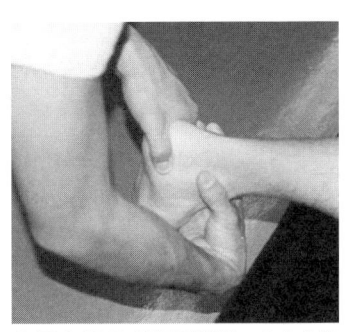

● 図4-48 ● 距骨下関節への内方外方滑り運動

7） 足根骨間関節

足根骨には，多くの関節面が含まれる。大まかに近位側の関節は凸面であり，遠位側の関節面は，凹面を形成している。自然体は足がリラックスした状態で，治療を加える方向は，足根骨遠位側に対して行う。（図4-49）

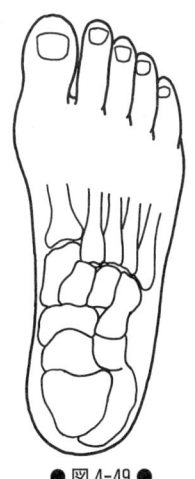

● 図4-49 ●
足根骨間関節

a．前方または後方への距骨立方関節滑り運動

距骨を固定した状態で，立方骨にモビリゼーションを行う。このテクニックは，内転と外転の可動性を回復させる。（図 4-50）

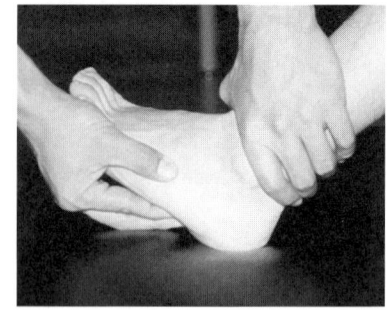

● 図 4-50 ● 前方または後方への距骨立方関節滑り運動

b．前方または後方への距舟関節滑り運動

片方の手で距骨を固定して，反対の手で舟状骨にコンタクトしてモビリゼーションを行う。このテクニックは，内転と外転の可動性を回復させる。（図 4-51）

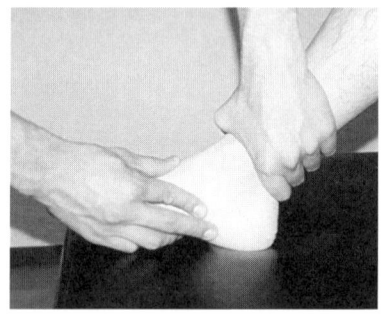

● 図 4-51 ● 前方または後方への距舟関節滑り運動

8） 中足指節関節

中足指節関節では，中足骨が凸面で，指節骨が凹面を形成している。自然体では，指節骨は，わずかに伸展した状態で，治療を加える方向は，指節骨の基節骨に対して行う。指節関節では，近位側が凸面で，遠位側が凹面を形成している。（図 4-52）

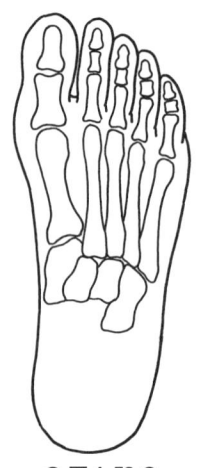

● 図 4-52 ●
中足指節関節

a．中足指関節前方・後方滑り運動

モビリゼーションは，わずかに屈曲した状態で行い，それぞれ1つの関節だけに孤立して行う。（図 4-53）

・前方へのモビリゼーションにより伸展の可動性を回復させる。
・後方へのモビリゼーションにより屈曲の可動性を回復させる。

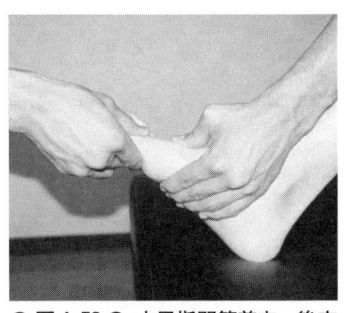

● 図 4-53 ● 中足指関節前方・後方滑り運動

【参考資料】
1）MOBILIZATION & TRACTION TECHNIQUES with Dr. Bill, Prentice, 1993，製作・著作ジャパンライム株式会社

【写真モデル】
増田拓保
川下裕二

まとめ

1. モビリゼーションとは，関節可動域を受（他）動的に改善する技法である。モビリゼーションの目的は，残された関節の可動性を回復させ，痛みを取り除くことにある。
2. 関節の動きには2つある。
    1) 生理的な動き（①屈曲　②伸展　③外転　④内転　⑤回旋）
    2) 補助的な動き（①スピン　②ロール　③スライド）
3. 凹凸の法則を踏まえ，関節の構造を理解して正しい方向にモビリゼーションを行う。
4. モビリゼーションの注意事項を守りながら，基本テクニックをマスターしよう。

第5章

スポーツマッサージの実際

1 スポーツマッサージの基礎理論

(1) マッサージの定義

　マッサージとは，トレーナー（施術者）が自分の手，ひじ，足等，各部を利用したり，特殊な機械や器具を使用して，一定の手技や方法で，マッサージを受ける者の皮膚に直接末梢から中枢，つまり指先や，足先から心臓へ向かって摩擦，圧迫，揉む，引っぱる，たたく，ゆさぶる，ふるわせるなどの力を与えることである。マッサージは，疾病の予防と治療，疲労回復をはかる目的で行う手技療法の1つである。

(2) スポーツマッサージの目的

　スポーツマッサージとは，アスレティックマッサージ（athletic massage）ともいい，スポーツ選手を対象として行うマッサージの総称である。

　スポーツマッサージの目的として（表5-1），まず①練習前や試合前のウォーミングアップやコンディショニングを目的としたスポーツマッサージ，②練習中や試合中のスポーツマッサージ，③練習後や試合後のクールダウン（疲労回復）を目的としたスポーツマッサージ，これらが重要となってくる。その他，④スポーツにおけるけがからの復帰を助ける役割，つまり機能回復訓練（アスレティックリハビリテーション）の一環としてマッサージを取り入れることが多い。

　スポーツ選手は，骨，筋肉，神経や心肺機能を鍛えるだけでなく，体全体のバランス調整，また，高度なレベルで自分の運動能力を発揮し，実力以上の力を出すことが可能であり，そのためにも持久性や反復性が要求される。これらの能力は，毎日の練習や

● 表5-1 ● スポーツマッサージの目的

①ウォーミングアップの補助
②コンディショニング
③疲労回復
④スポーツ外傷・障害に対する治療と予防

トレーニングにより強化，向上するが，このサポートとして，スポーツマッサージは重要な役割をはたす。

基本的には全身がかくれる大きめのタオルを使い，タオルの上からマッサージを行う。応用として，直接肌にマッサージを行う時には，手と皮膚に必要以上の摩擦がかからないように，オイルやパウダーを使う。またアイスクリッカーという器具を使ってのアイスマッサージが，スポーツの現場ではよく行われる。

マッサージを行う台については，マッサージ専用のベッドを用意するが，なければ，床の上，戸外の場合は，ベンチやコンクリートなどの上にタオルを敷いて行うとよい。トレーナー活動では持ち運び用のポータブルベッドがよく利用されている。ベッドは，標準で幅約 80 cm，長さ 1 m 85 cm，高さ 80 cm，重さ 11～14 kg 程度のものが置き場所にも困らず，移動にも便利である。

（3） スポーツマッサージの生理作用

皮膚は，各種の感覚受容器という外界からの刺激を感知する装置の役割をはたしている。皮膚に刺激（触圧的刺激）を与えることにより，血液やリンパの流れ，そして直接循環器系に影響を及ぼす。循環器の働きが促進されると，身体各組織への栄養素や酸素の供給がさかんとなり，老廃物が排泄される。新陳代謝がさかんになると，滑液の分泌を促し，関節運動が円滑となる。マッサージによる刺激を受容器が感知し，脊髄神経から大脳へと伝えられてはじめて感覚として身体反応が認知される。

また，間接的には，神経を介した反射機能により，筋肉に反映され疲労回復に役立ったり，興奮性を調節する作用や，内臓，たとえば，心臓の負担を軽くし，心臓の動作能力を高める作用がある。

（4） スポーツマッサージの基礎解剖

1） 皮膚

マッサージの直接的な影響をもっとも受けやすいため，皮膚の構造や機能についてよく理解しておくこと（図 5-1）。

皮膚は，表皮・真皮・皮下組織の三層から成っている。

① 汗腺……汗を分泌することによって体温調節や老廃物を排泄する。エクリン腺とアポクリン腺（体臭の元）の2つに分類される。
② 脂腺……皮膚の表面に脂肪を分泌して，毛や皮膚に脂を与え，つやを出す役割をはたす。

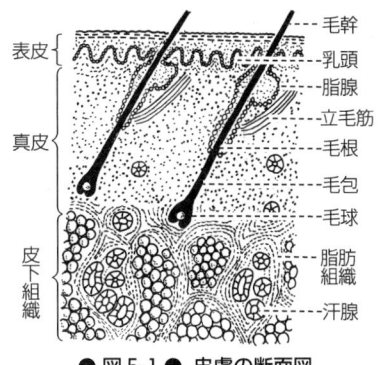

● 図5-1 ● 皮膚の断面図

2）リンパ系

リンパ管の流れが阻害されると，浮腫を起こしたり，こりを生じる。マッサージは，これを改善することを治療目的としているため，リンパ系の解剖や生理をよく知っておくこと（図5-2）。

① リンパ液……細胞に直接酸素や栄養分を渡し，炭酸ガスや老廃物を受け取る。
② リンパ管……筋肉などの緊張や弛緩のリズムにより，リンパ管内の弁が開閉しリンパ液が流動する。

リンパ液は，リンパ節を通ることで流れが遅くなる。マッサージは，リンパの流れを促進することが目的なので，施術しているもっとも近くのリンパ節の方向へ向かって行うこと。

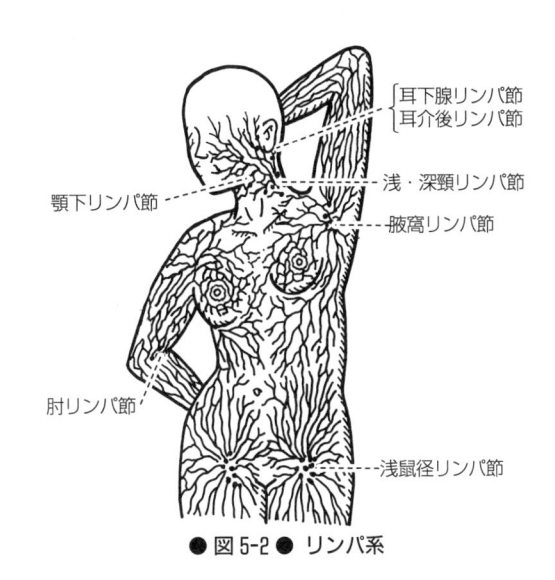

● 図5-2 ● リンパ系

3）筋肉

人間の身体には400以上の筋肉があり，人それぞれ異なるため，形，柔らかさ，大きさなどを触り分ける感覚を身につける。また，部位に合った固有の筋肉の働きを把握すること。

● 下腿後側の筋肉

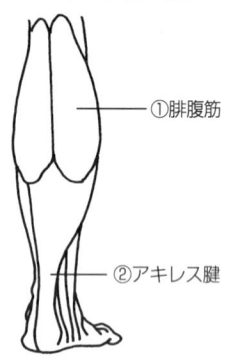

①腓腹筋
②アキレス腱

①足を底屈し，ひざを曲げる。
②下腿三頭筋の停止腱。

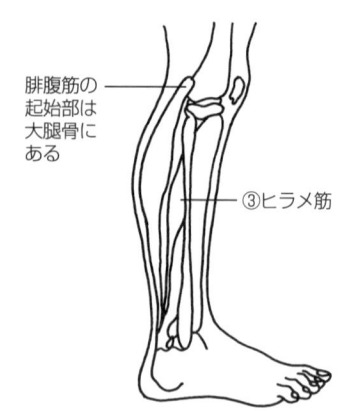

腓腹筋の起始部は大腿骨にある
③ヒラメ筋

③足を底屈し，ひざを曲げる。

● 大腿後部の筋肉

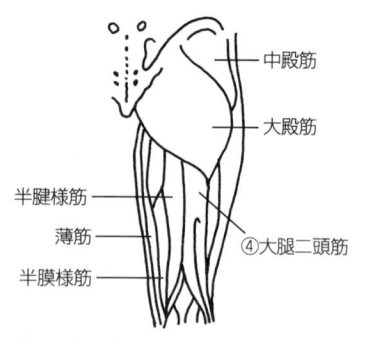

中殿筋
大殿筋
半腱様筋
薄筋
半膜様筋
④大腿二頭筋

④ひざを曲げ，半屈曲時には外旋。膝関節を伸ばす。

● 殿部の筋肉

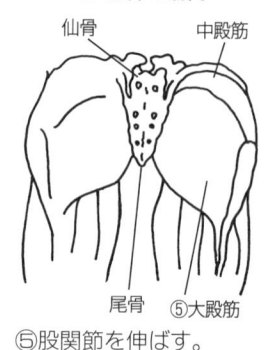

仙骨
中殿筋
尾骨
⑤大殿筋

⑤股関節を伸ばす。

● 背部の筋肉

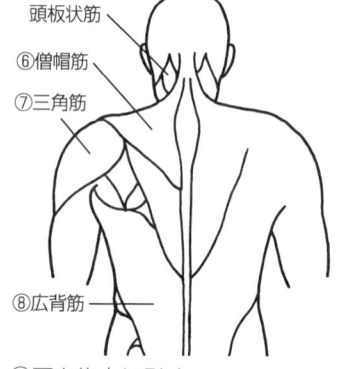

頭板状筋
⑥僧帽筋
⑦三角筋
⑧広背筋

⑥肩を後方に引く。
⑦上腕を外転あるいは前方挙上（屈曲），後方挙上（伸展）する。
⑧上腕を内側後方に引く。

● 大腿前部の筋肉

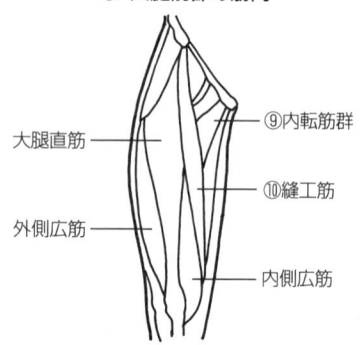

大腿直筋
外側広筋
⑨内転筋群
⑩縫工筋
内側広筋

⑨股関節を内転，屈曲する。
⑩ひざを曲げ，股関節を屈曲外旋する。

● 下腿前部の筋肉

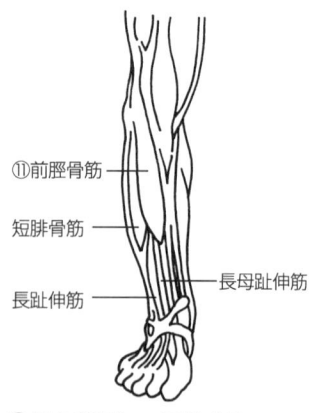

⑪前脛骨筋
短腓骨筋
長趾伸筋
長母趾伸筋

前脛骨筋
長趾伸筋

⑫長腓骨筋
短腓骨筋

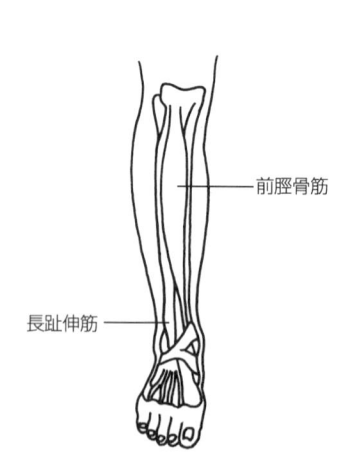

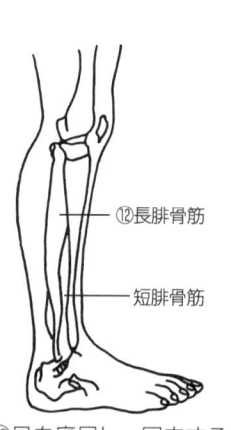

⑪足を背屈し，回外する。
⑫足を底屈し，回内する。

● 前腕部の筋肉

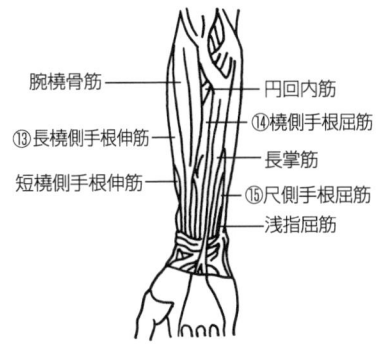

腕橈骨筋
⑬長橈側手根伸筋
短橈側手根伸筋
円回内筋
⑭橈側手根屈筋
長掌筋
⑮尺側手根屈筋
浅指屈筋

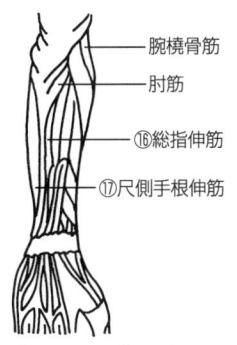

腕橈骨筋
肘筋
⑯総指伸筋
⑰尺側手根伸筋

⑬手を背屈，橈屈し，ひじを伸ばす。
⑭手を掌屈し，橈屈する。前腕回内，ひじ屈曲の補助。
⑮手を掌屈，尺屈する。前腕屈曲の補助。

⑯第2～5指，とくに中手指節関節を伸ばす。
⑰手を背屈し，尺屈する。

● 上腕部の筋肉

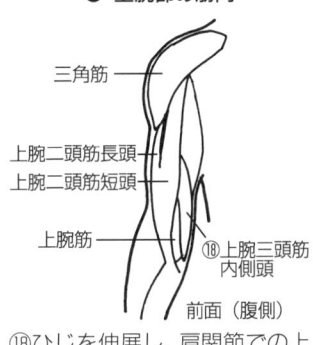

三角筋
上腕二頭筋長頭
上腕二頭筋短頭
上腕筋
⑱上腕三頭筋内側頭
前面（腹側）

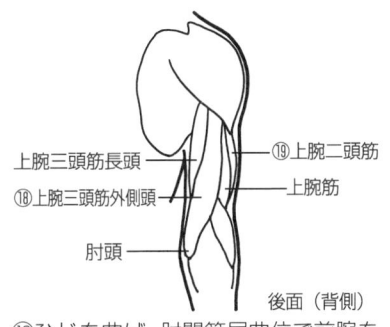

上腕三頭筋長頭
⑱上腕三頭筋外側頭
肘頭
⑲上腕二頭筋
上腕筋
後面（背側）

⑱ひじを伸展し，肩関節での上腕内転および屈曲にかかわる。
⑲ひじを曲げ，肘関節屈曲位で前腕を回外し，上腕を前挙（屈曲）する。

● 頸部の筋肉

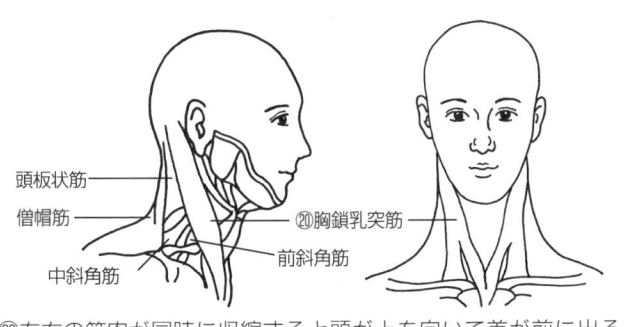

頭板状筋
僧帽筋
中斜角筋
⑳胸鎖乳突筋
前斜角筋

● 腹部の筋肉

㉑外腹斜筋
㉒腹直筋
内腹斜筋
腹横筋

⑳左右の筋肉が同時に収縮すると頭が上を向いて首が前に出る。片方だけが収縮すると頭が収縮した側に傾くと同時に，顔が反対側を向く。

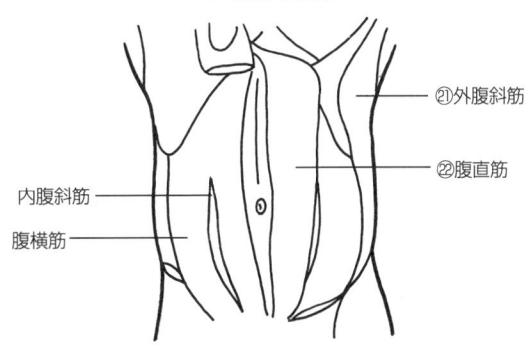

㉑体を，前傾，側屈，捻転させる。腹圧を加える。
㉒体を前屈させ，腹圧を加え，胸郭をおろす（呼気にかかわる）。

第5章 スポーツマッサージの実際

2 スポーツマッサージの原則

(1) スポーツマッサージの基本知識

　基本的にスポーツマッサージは室内で行い，最適な室温は20°～25°前後である。グラウンドや，フィールドなど室外で行う場合は，冬は毛布を用意し，夏は木陰など条件の良い場所で行う。トレーナーは，動きやすい衣服を着用し，爪は短く切り，指輪・腕輪ははずす。また，直接手が皮膚に触れるので，マッサージ前には手を温かくし，普段から手荒れのないよう手入れを心がけるとよい。トレーナーは，マッサージを行いやすい位置に足を大きく開き，どのような型にも対応できるバランスのよい体勢をとる。一方，マッサージをされる側（選手，患者）には，Tシャツ・短パンといった，できるだけ薄手の衣服を身につけてもらう。男性は，上半身裸で行う場合もある。

　食事後，30～90分あけ，用便も済ませておいた状態がよい。

　スポーツマッサージは，まずウォーミングアップとしてパフォーマンスの向上を最大の目的とし，練習前，試合前に行うが，この時，強いマッサージは避けた方がよい。

(2) スポーツマッサージの注意事項

1) こんな時には行わない

① ケガの直後……捻挫，打撲，肉離れなどの直後は，炎症を起こしているため温めることは厳禁。

② 酒を飲んだ時……アルコールで筋肉や神経の感覚が鈍くなっているため，マッサージが強い刺激になりやすく，症状が悪化することがある。

③ 熱がある時……平熱にもよるが，37℃以上あるときは，マッサージを行うことでさらに熱を高める可能性があるので避ける。

④ 痛みの激しい時（骨折，捻挫，脱臼，打撲，挫傷）……表面上は，腫れや内出血がなくても，マッサージを行うとさらに炎症を強める場合がある。
⑤ 食前・食後……空腹・満腹時はすすめられない。

2） マッサージの強さ

相手に強さを確認しながら，翌日まで感触が残るような強い刺激を与えないように注意する。歯をくいしばるほどの痛みをがまんしてのマッサージは，筋肉や腱を痛める可能性もあるため，避けた方がよい。

（3） スポーツマッサージの禁忌事項

以下のような禁忌症は，マッサージにより悪化する恐れがあるので行ってはいけない。

●表 5-2● マッサージの禁忌症

① 法定伝染病──コレラ・赤痢・腸チフス・パラチフス・痘瘡・発疹チフス・猩紅熱・ジフテリア・流行性髄膜炎・ペスト・日本脳炎
② 病的産物や病原菌を拡大する恐れのある疾患──伝染性化膿性疾患・蛇毒・昆虫毒など
③ 急性炎症性疾患──急性関節リウマチ（リウマチ熱）・急性関節炎・急性脳脊髄疾患（脳溢血など）・骨折，脱臼，創傷の初期
④ 安静を要する内科重症疾患──結核・梅毒・淋病・がん・白血病・潰瘍・心臓疾患・腎臓疾患・肺疾患・喀血や吐血の直後など
⑤ 血管に病変のある場合──動脈瘤・静脈血栓・動脈硬化症など
⑥ 出血性疾患──血友病・紫斑病・壊血病・重症肝臓病・黄疸など
⑦ 腹部の炎症──急性虫垂炎・腹膜炎・胃潰瘍・腸炎など
⑧ 拡大または伝染の恐れのある皮膚病──湿疹・寄生虫による皮膚病・伝染性の皮膚疾患など

3 スポーツマッサージの基本手枝

(1) 軽擦法：軽くなで，さする方法

【キーポイント】
一定のリズム
一定の圧力
左右のバランス

手掌軽擦法

手のひら全体を相手の皮膚にぴったりとつけ，なで，さする方法。

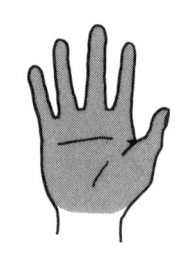

（手技例）　腰背部　前腕部 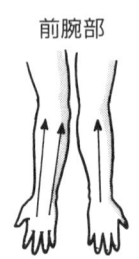　下腿後部

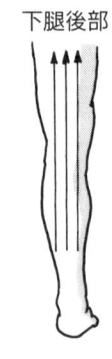

手根軽擦法

皮膚に手根部を密着させ，体重をかけることにより手根部に少し力を加えながら，なで，さする方法。

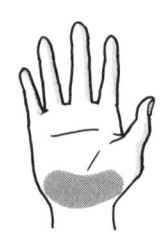

（手技例）　大腿後部　臀部

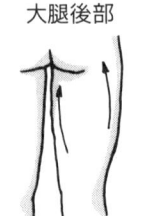

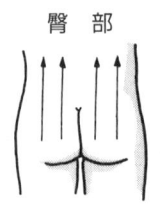

母指軽擦法

母指の指尖，指頭，指腹を使用し狭い部位をマッサージする方法。

（手技例）　手の骨間　足の骨間

四指軽擦法

母指を除く4つの指を揃えて使用し，各指の指腹の部分を使ってさする方法。

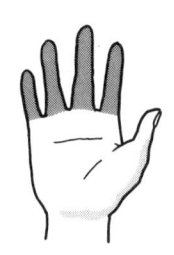

（手技例）　下腿後部　上腕部 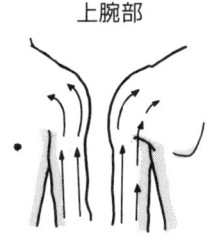　肩上部

二指軽擦法

母指と示指の指腹でマッサージ部位をはさんでさする方法。

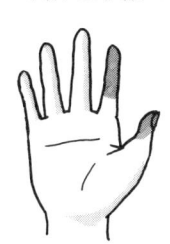

（手技例）　手の指　アキレス腱

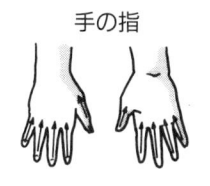

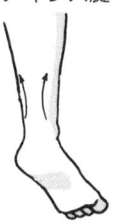

指顆軽擦法

片手または両手を握り，母指を除く四指の手背の基節の部分でなで，さする方法。

（手技例）　足底部　手掌

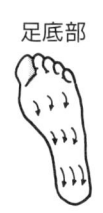

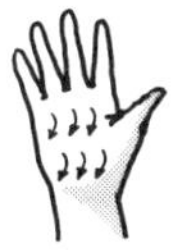

（2） 揉捏法：もみ，こねる方法

手掌揉捏法

　手のひら全体をマッサージを行う部位に当て，適度な力を加えながら，末梢から中枢に向かってこねながらもんでいく方法。

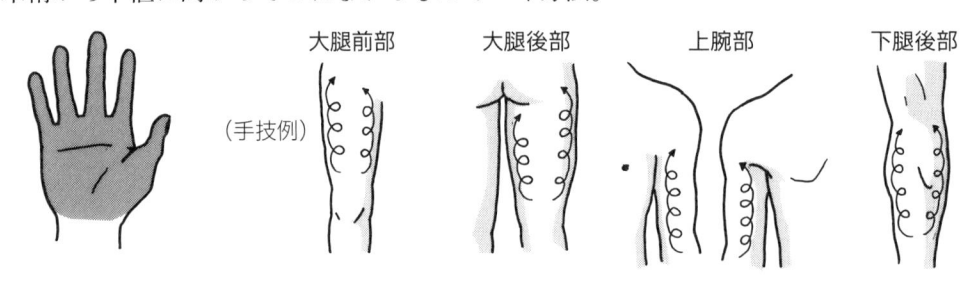

（手技例）　　大腿前部　　大腿後部　　上腕部　　下腿後部

手根揉捏法

　手根軽擦法と手の形は同じで，輪状または，楕円形を描くように少し力を加えながら手根部を動かして行う。末梢から中枢に向かって筋肉を動かすような感じでもみ，こねる方法。

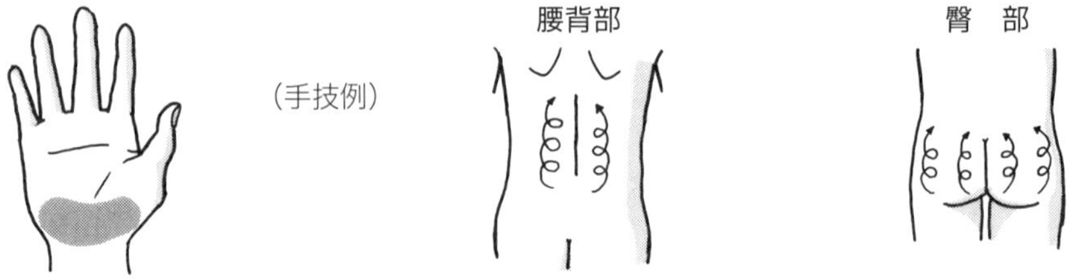

（手技例）　　腰背部　　臀部

母指揉捏法

　片手ないし両手の母指の指尖，指頭，指腹の部分で，被術者の筋に一定の圧力を加えながら，輪状あるいは，楕円形を描くように指を動かしもみ，こねる方法。

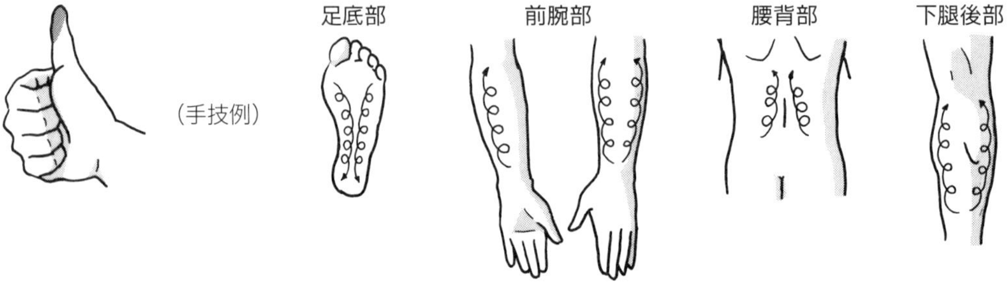

（手技例）　　足底部　　前腕部　　腰背部　　下腿後部

四指揉捏法

母指を除く4つの指の指腹の部分で，被術者の筋を一定の圧力を加えながら，輪状あるいは楕円形を描くように指を動かしてもみ，こねる方法。

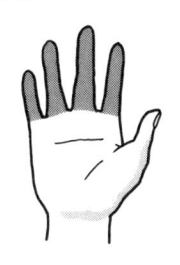

（手技例）　前腕部　下腿後部 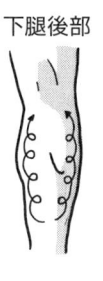　腹部

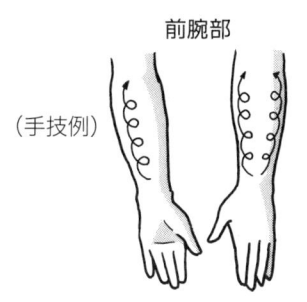

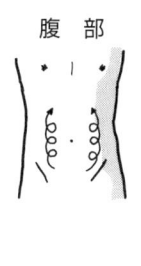

二指揉捏法

母指と示指の間に細い筋肉，腱をはさんでもんでいく方法。

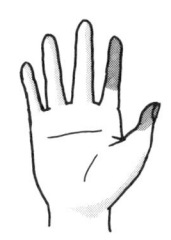

（手技例）　アキレス腱　手の指 　頸部

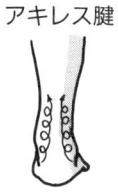

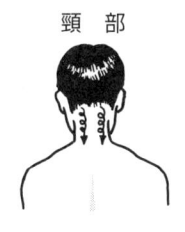

把握揉捏法

指，手のひらの部分で，筋肉をつかむようにして，末梢から中枢に向けてもみこねる方法。

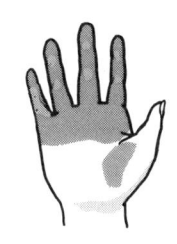

（手技例）　下腿後部

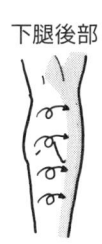

（3） 叩打法：軽くたたく方法

手拳叩打法

　手指を軽く握り，手首に力を入れず，ひじをはり，母指がカスタネットのような音がするように，小指側で，細かく，早くたたく方法。

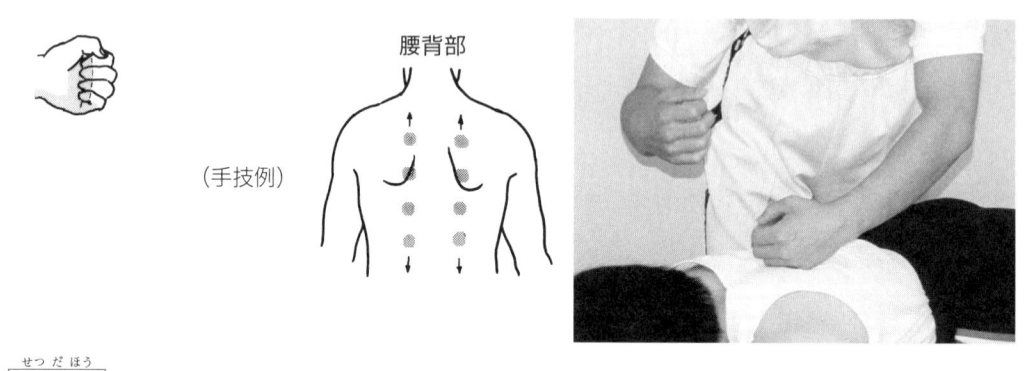

（手技例）　　腰背部

切打法

　指をまっすぐ伸ばして，右手と左手の間を開いたり閉じたりして，物を切るように小指側ですばやく，リズミカルに早くたたく方法。

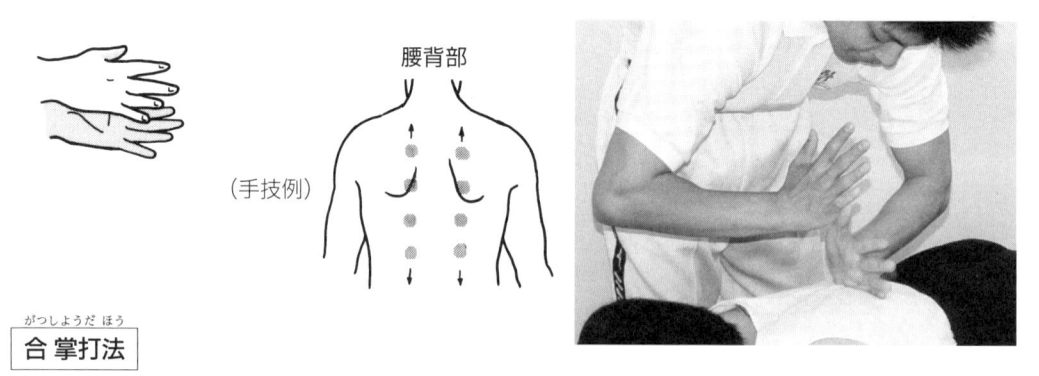

（手技例）　　腰背部

合掌打法

　両手を合わせ指を伸ばし，ひじをはり，小指側のひじ，手首でリズミカルに回旋させ，小指側でたたく方法。

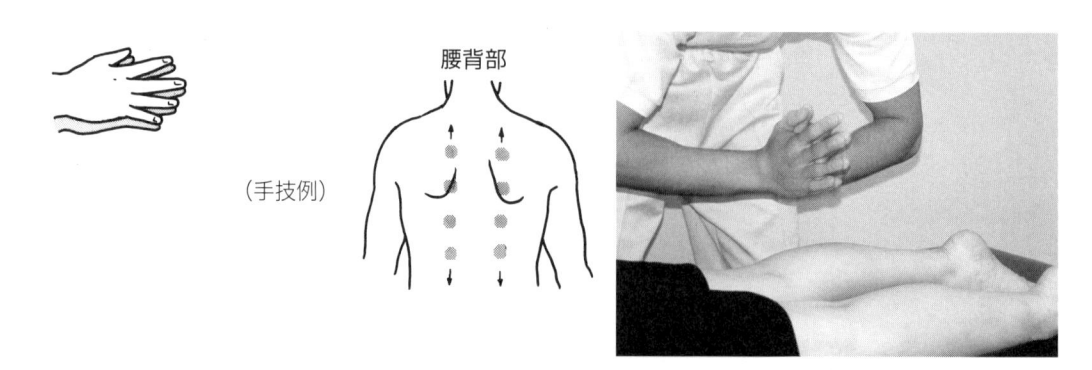

（手技例）　　腰背部

圧縮気打法

両手を交差し軽く握り、たたくと手のひらの中の空気がシューシューと抜ける音をさせて、手背でたたく方法。

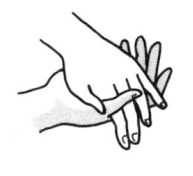

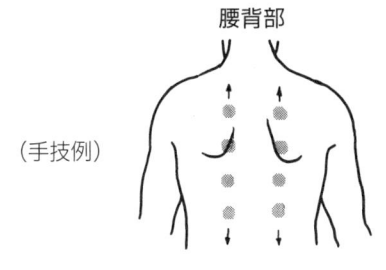

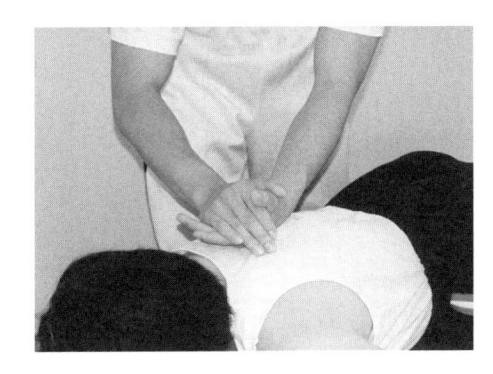

（手技例）　腰背部

拍打法

手の指をすぼめて手のひらを丸めてたたく方法。

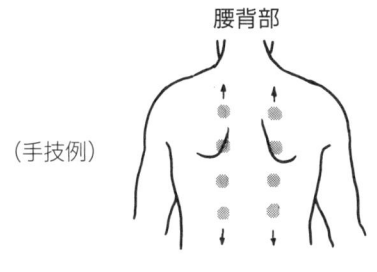

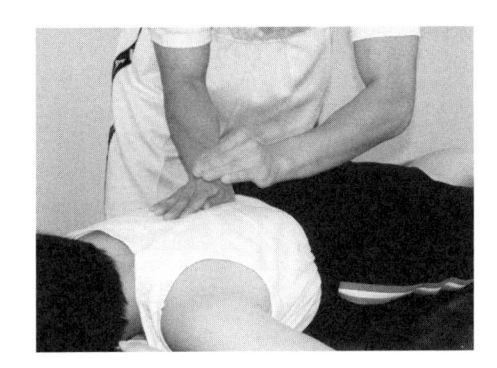

（手技例）　腰背部

つき手

指の指頭で直接ついて指頭から指顆へと手をまるめてつく方法。

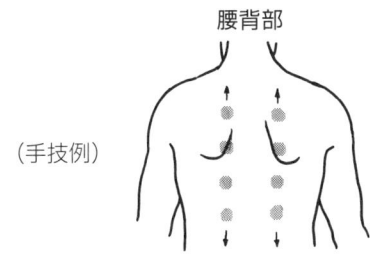

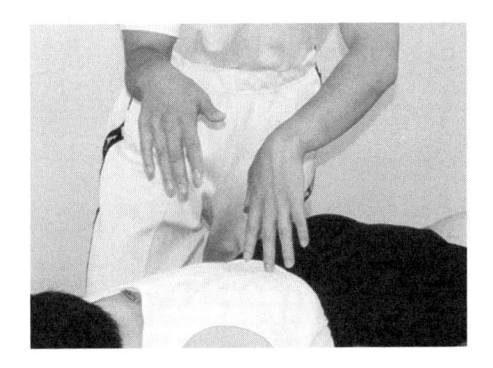

（手技例）　腰背部

（4） 強擦法（きょうさつ）：強くさする方法

強擦法

母指の指尖，中指の指尖等で，指をねじ込むようにひじで円を描きながら動かす方法。

（手技例）　　　膝後部　　　腰背部

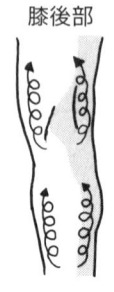

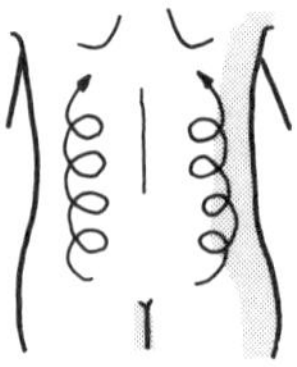

（5） 圧迫法（あっぱく）：おす方法

手掌（しゅしょう）圧迫法

両方の手掌で局所を圧迫する方法。

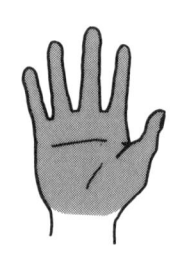

（手技例）

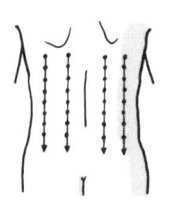

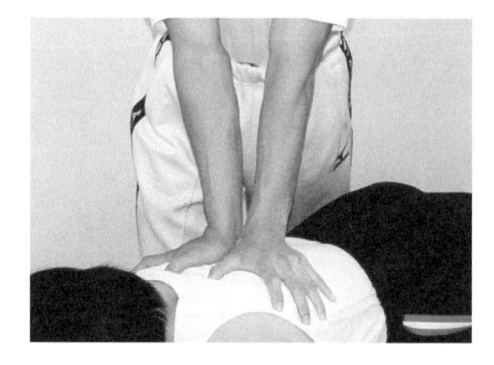

手根（しゅこん）圧迫法

両方の手根部で局所を圧迫する方法。

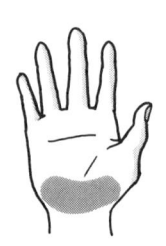

（手技例）

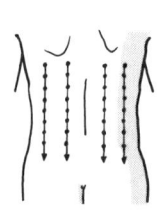

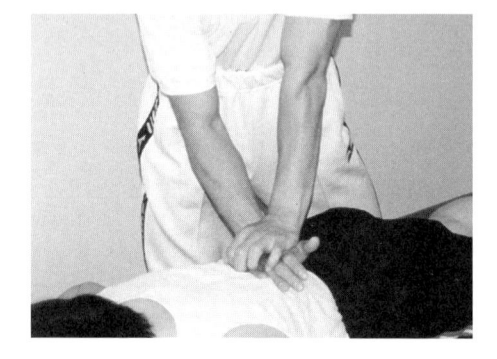

母指（ぼし）圧迫法

両手の母指を局所に当て，圧迫する方法。

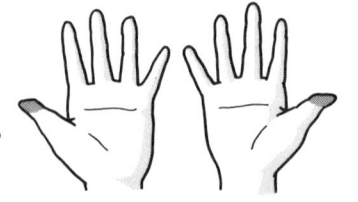

（手技例）

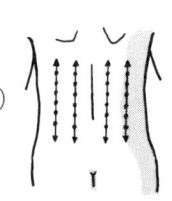

(6) 振戦法：ふるわせる方法

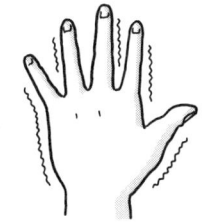

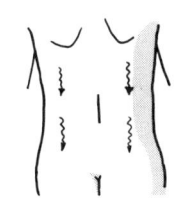

手掌振戦法
手掌を細かくふるわせる方法。

指頭振戦法
指の先を細かくふるわせる方法。

前腕部

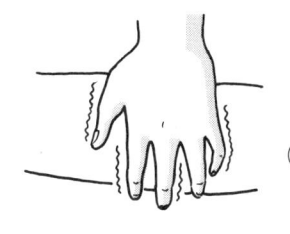

（手技例）

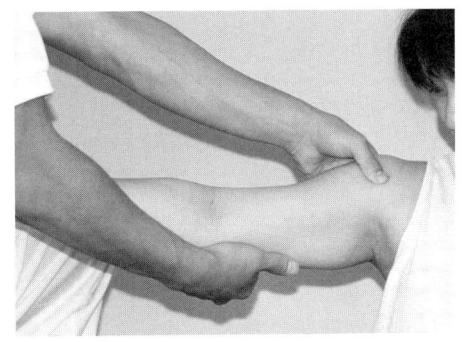

牽引振戦法
上肢や下肢を両手で引っ張るようにしてふるわせる方法。

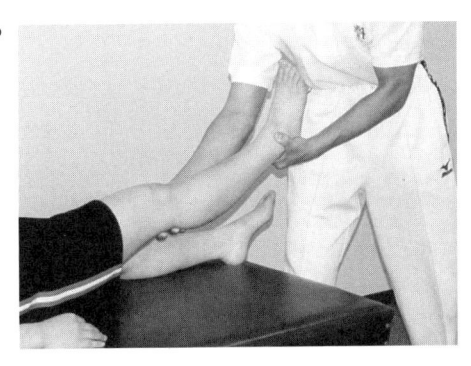

（手技例）

きりもみ振戦法
両手の手掌できりをもみ上げるようにふるわせる方法。

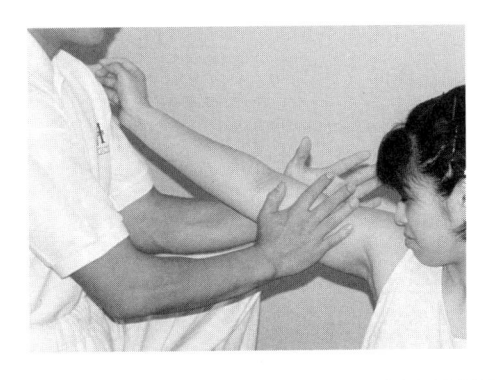

（手技例）

第5章　スポーツマッサージの実際

4 スポーツマッサージの実際

(1) 全身スポーツマッサージの実際

〈全身スポーツマッサージの定義〉

マッサージの手順としては，手指先から心臓に，足指先から心臓に向けて行うのが原則である。

- ウォーミングアップの補助
- コンディションの調節
- 疲労の回復
- スポーツ外傷・障害に対する治療と予防

全身マッサージは，疲労の強い部位を中心に全体的に行い，施術時間は60分以内が適切である。

(2) 局所スポーツマッサージの実際

① 局所スポーツマッサージの定義

マッサージの手順は，身体のどの部位を施術する場合も同じで，軽擦法→強擦法→揉捏法→叩打法→軽擦法の順で行うのが原則である。

② 局所スポーツマッサージの目的
- 局所部位のコンディションの調節
- ウォーミングアップの補助
- 局所の疲労回復
- 局所のスポーツ外傷・障害の予防と治療

③ 局所スポーツマッサージの方法

その時の状況に応じもっとも有効な施術部位を選んで行い，施術時間は1つの部位に対して10分間を目安とする。

(3) オイル使用によるスポーツマッサージの実際

オイル（潤滑剤）を使用することにより，トレーナーの手指と患部と

の摩擦を柔らげ滑らかな動きを出すことができ，これを利用して，皮下の深層まで強く圧迫し，この状態のまま施術部位を移動することができるという利点がある。

　末梢部から中枢部に向けて，マッサージを行うことにより，疲労物質の除去を促進し，また，オイルを使用することにより快適感がよりいっそう増すため，リラクセーションとしての目的で使用される場合もある。

　マッサージオイルとしてよく使用されているものに，オリーブオイル，ベビーオイル，ココナッツオイルなどがあり，その他，各種マッサージクリームや，サロメチールなど，サリチル酸配合系のクリームをまぜたものを利用して行う場合もある。

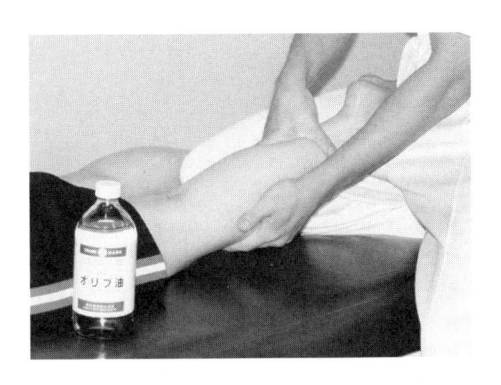

(4) パウダー使用によるスポーツマッサージの実際

　パウダーを使用することにより，オイルと比べて，摩擦度は大きくなるが，何もつけない状態よりも滑らかな動きを出すことができる。

　マッサージパウダーとしてよく使用されるものにベビーパウダー，タルク，天花粉などがありオイルと同じ方法で行うが，パウダーマッサージは，上肢，下肢などを施術する時によく行い，背部全体など広い範囲

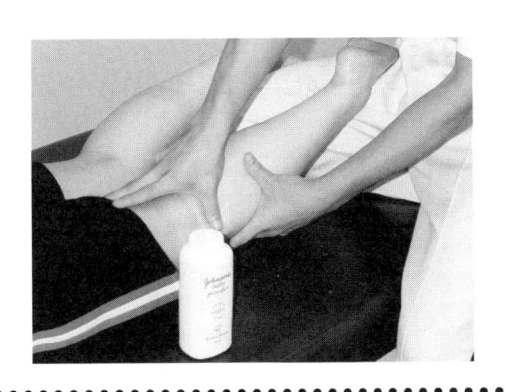

のマッサージには，あまり使われない。

(5) 氷によるスポーツマッサージの実際

氷使用によるスポーツマッサージは，あくまでも救急法のRICE処置（p.102参照）（スポーツ外傷での初期治療）とは違い，疲労をとる目的で行われる。方法としては，ステンレス製の容器（アイスクリッカー）に氷を入れ，患部にオイルをつけ，末梢部から中枢部へ向け，少し圧をかけながら滑らせるようにマッサージを行う。

冷却することにより，反射的に血管が一度収縮するが，その後のリバウンドで血管が拡張し，血液の循環がよくなるという生理作用からも，アイススポーツマッサージは，スポーツ選手の疲労をとる上で，もっとも有効であると考えられる。

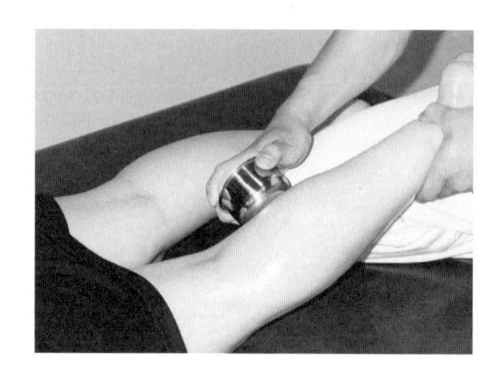

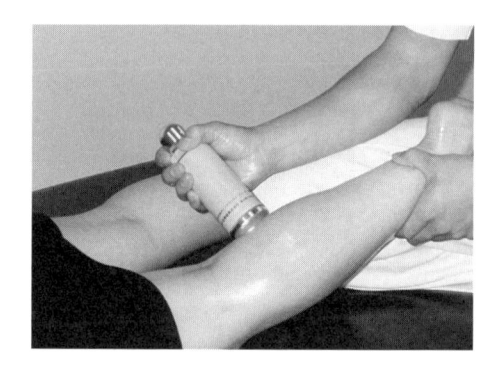

5 目的別スポーツマッサージの方法

(1) 試合(練習)前でのスポーツマッサージ(ウォーミングアップ)

短時間でリズミカルに行うことが重要で，筋肉の循環をよくし柔軟性が増すため，ウォーミングアップの補助として行う。

ここでのスポーツマッサージは競技力，パフォーマンスの向上を目的とし，あまり強いマッサージは避けた方がよい。

(2) 試合（練習）中でのスポーツマッサージ

競技中のわずかな時間を利用し，筋肉疲労・緊張や痛みを一時的に緩和させる目的であり，突発的に行うこともたびたびある。

(3) 試合（練習）後でのスポーツマッサージ（クールダウン）

筋肉の疲労を早く回復させ，翌日以降の競技力向上をはかる目的で行う。状態にもよるが，治療主体かコンディション調節なのかにより方法・強度なども違ってくる。

6 アスレティック・リハビリテーションでのスポーツマッサージ

(1) 骨折

骨折を起こした選手のリハビリの一環としてマッサージを行うが，ここでは，骨折の直後や，まだ炎症の強い時には，患部への直接のマッサージは禁忌である。治療の処置により，長期間ギブスで固定されていた関節や組織は拘縮を起こし，動きが大変悪くなっているため，患部やその周辺をマッサージし，回復を早める目的で行う。

(2) 捻挫

捻挫は，各関節に発生する。ここでも炎症による腫脹などが強くある場合は，患部への直接のマッサージは禁忌である。中等度以上の捻挫の場合，約2～3週間は固定し，安静にする必要がある。そのためやはり，拘縮が発生し，そのリハビリには，ストレッチを組み合わせたスポーツマッサージは欠かすことはできない。

(3) 脱臼

脱臼は，特に肩関節周辺や，ひじ，ひざ，指などの関節に多く発生し，関節頭と関節窩の生理的な相対位置関係が持続的に失われた状態である。

整復すると痛みはかなり軽減するが，そこで処置をやめてしまうと，その後再発しやすくなる。約3週間の安静固定が原則的で，また，固定後，拘縮となりやすく関節可動域が制限されるため，脱臼部周辺を中心に，リハビリを目的としたスポーツマッサージを施術し，後遺症からの回復を早める。

（4） 打撲

スポーツの中でも特にコンタクトスポーツには打撲はつきもので，そのため，少々の打撲では特に治療しなくても大丈夫と考えられがちだが，部位や強度によっては重症となる場合もあるので，注意が必要である。基本的に打撲箇所にはマッサージは行わず，周辺の筋肉をマッサージすることにより新鮮な血液を送り，打撲部の血腫を少しでもやわらげるという方法がある。また，処置をせず放っておくと，血腫がかたまり，また筋肉に石灰沈着が発生して関節可動域が制限され，スポーツをする上で大変不利となる。

（5） 挫傷

挫傷は，皮下組織内で筋肉が部分的に断裂した状態をいうが，筋肉や皮下組織に直接衝撃を受けるため，内出血が著明に発生し，また，患部に血腫がたまりやすい状態となる。挫傷部には直接マッサージは行わず，周辺にマッサージを行う。

打撲同様，何も処置せず放っておくと血腫のかたまりとして組織がかたくなり，スポーツにおいて不利となるので，これらによる硬結状態を防ぐためにも，早期の処置が必要である。

【参考文献】
1）栗山節郎他『アスレチックマッサージの実際』南江堂，1993年
2）増田雄一『トレーナーからのアドバイス』陸上競技社，1997年
3）増田雄一ほか『スポーツマッサージ』新星出版社，1998年
4）武藤芳照他『スポーツトレーナーマニュアル』南江堂，1996年
5）福林　徹『アスレチックトレーナー専門科目テキスト』日本体育協会，1998年

まとめ

1. マッサージとは，トレーナーが自分の身体各部や器具等を使用し，一定の手技や方法で，マッサージを受ける者の皮膚に直接末梢（指先や足先）から中枢（心臓）に向かって力を加える（摩擦，圧迫，揉む，引っぱる，たたく，ゆさぶる，ふるわせる）ことである。
2. マッサージの目的は，疾病の予防と治療・疲労回復である。
3. スポーツマッサージの目的
   ①ウォーミングアップの補助
   ②コンディショニング
   ③疲労回復
   ④スポーツ外傷・障害に対する治療と予防
4. オイルやパウダーを使うと，摩擦をやわらげ滑らかな動きを出すことができ，氷を使うと，疲労をとることができる。
5. アスレティック・リハビリテーションにおいてもスポーツマッサージは重要である。患部に注意して，適切な手技を行う。
6. 身体の構造を理解し，スポーツマッサージの注意事項を守りながら，基本テクニックをマスターしよう。

第6章

アイシングの実際

1 アイシングの基礎理論

(1) アイシング（クライオセラピー）：外傷と応急処置

スポーツの練習中または，試合中にけが（外傷）をし，応急処置をしなければいけない場合，応急処置の仕方によっては，そのけががいっそう悪くなったり，あるいは，極力最小限に抑えることができたりする。対応いかんではその後の競技生活を大きく変えることがあり，現場での応急処置は必要かつ非常に大事なことである。

その応急処置の中でもっとも大切なものにアイシングがある。アイシング（ICE—処置）は氷や冷水，アイスパック等を使用し体を冷やす冷却療法のことをいい，RICE 処置の一部として用いられるのが一般的である。

骨折・捻挫・脱臼・打撲・挫傷等をはじめ，急性の外傷の場合，炎症症状が発生する。炎症の五大兆候として①発赤，②発熱，③腫脹，④疼痛，⑤機能障害があり，患部が炎症を起こしている場合はこのアイシング処置をすることが大変有効であり，後遺障害も少なくすむ。

―― RICE 処置 ――
R――Rest　休息
I――Ice　　冷却
C――Comples-
　　sion　圧迫
E――Elevation
　　　　　高挙

(2) アイシングの定義

アイシングとは，氷や冷水等によって冷却し，人体のもつ熱エネルギーを低温度化し，その反応により傷害部の炎症や内出血を抑え，スポーツ傷害の予防や治療に役立てる方法である。

(3) アイシングの目的

アイシング（冷却法）の目的ではまず，①障害予防としてのアイシン

グ，②練習前や試合前のコンディショニングのアイシング，③練習中や試合中でのハーフタイムや休憩中の熱放散や精神的調整のアイシング，④練習後や試合後のクールダウンの一環としてのアイシング，⑤外傷直後の応急処置としてのアイシング，⑥傷害からの復帰で治療の一環としてのアイシング等が重要となってくる。また，ウイルスや細菌の感染などにより，全身的・局所的に発熱する場合に，アイシング（冷却法）を取り入れることもある。

（4） アイシングの生理作用

アイシングの生理作用は下記の通りである。
①冷却による炎症の抑制（局所新陳代謝の低下）
②冷却による浮腫の抑制（毛細血管透過性の減少）
③冷却後の反射性皮膚温上昇による充血と筋弛緩（リバウンド効果）
④血中 O_2 濃度の増加による組織からの発痛物質産生の抑制
⑤疼痛受容器に対する痛覚閾値の上昇
⑥脳下垂体副腎髄質系の賦活作用の活性化
⑦筋肉に対する筋紡垂活動の低下
⑧感覚受容器に対する感覚閾値の上昇
⑨刺激伝達の遅延による中枢への感覚インパルスの減少
⑩痙性低下による鎮痛効果

2 アイシングの原則

（1） アイシングの基礎知識

「冷え」と「冷却」について，実際スポーツ現場や医療現場に携わっていると，「体が冷えていると体を動かしにくいので，ランニングや体操，ストレッチ等ウォーミングアップを行い，体を温めてからスポーツをしましょう」とよくいわれる。当然ながら，体が冷えていては，①体内の血流循環の低下，②末梢血管の収縮，③筋肉・靱帯・腱の収縮，④

感覚受容器の機能低下(感覚麻痺)，⑤ホルモン代謝の低下，⑥神経伝達（自律神経含む）の速度低下等，スポーツを行う上で不利となる。人間はホメオスターシス（恒常性維持機能）が中枢神経の体温調節中枢（脳・視床下部）にあり，温度調節が絶えず行われているので，最低限の体温維持は可能であるが，やはり外気等の影響により，スポーツするのに最適でない場合はウォーミングアップをして，体温を少し上げる必要はあるだろう。

一方，アイシング等での「冷却」とは，物理的に外部から局所的に皮膚を冷却し，前項で述べた生理作用に合わせて，スポーツ現場をはじめ医療現場，家庭，会社等あらゆる場所での利用が幅広く行われている。

（2） スポーツ現場でのアイシングの適応と禁忌

1） 適応

アイシングの適応には，次のようなものがある。

①外傷：骨折，捻挫，脱臼，打撲，挫傷等１回の外力で生じた急性期
②障害：骨，筋，腱等皮下組織のオーバーユース，すなわち使いすぎによる局所の炎症症状等がある慢性期

2） 禁忌

アイシングの禁忌には次のようなものがある。

①高血圧の者
②心疾患の者
③末梢循環障害のある者
④強度の皮膚疾患のある者
⑤寒冷過敏症によるアレルギー症状のある者

（3） アイシングの注意事項

アイシングの注意事項として気を付けなければいけないことに「凍傷」がある。

凍傷は，－２℃で10〜15分以上維持したり，10℃〜20℃の間でも長時間のアイシングにより発症するといわれている。特に小児・幼児・高齢

者・老人等皮膚が弱い人へのアイシングや，就寝時にアイシングをしながら眠りにつくといった長時間の冷却は避けた方がよい。よく「何分冷やせば良いのですか？」と質問されるが，その人の体質・天候・気温・湿度・季節等の条件にもよるが，0℃以上の氷（霜の付いていない氷），少し水滴が出ているくらいの氷を使用し，15～20分程度冷やすことが好ましい。

アイシングの指標である，4つのステージとして
①痛い……………………ジーンとくる痛み
②ピリピリする………針で刺されているような痛み
③温かい…………………ポカポカする
④感覚がなくなる……寒い日につま先の感覚がなくなるときのような感じ

これらの4つの感覚を通過すれば，終了または中断すればよい。

3 アイシングの実際

アイシングにはいろいろな種類がある。その目的により，使い分けることが大切である。救急処置の場合や医療現場での使用方法等，また危険性・携帯性等の特性について紹介する。

(1) アイシングの基本方法

1) アイスバッグ（氷のう）

アイシングの中でもっとも普及しているもので，大変使いやすく携帯性にすぐれている。使用場面も広く安価である。また，固定することにより身体のほとんどの部位に使用可能であり，アイシングしながらの移動や体操程度の動きは可能である。しかし，長時間の使用やバッグ内の氷と水の量の割合または，バッグの厚さによっては凍傷の危険性がある。

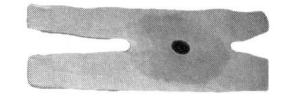

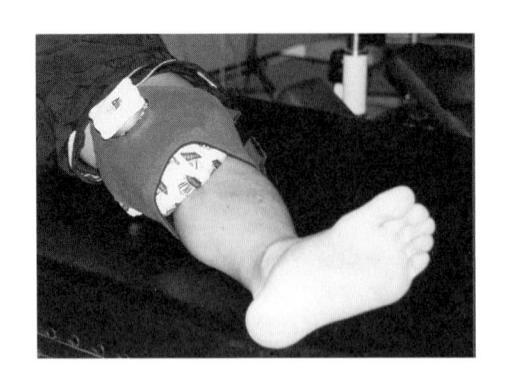

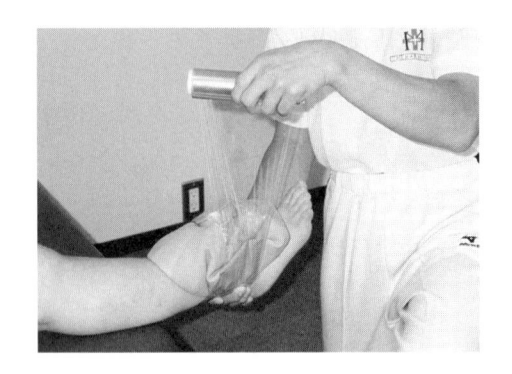

2）アイスパック

　ジェル状のものと，特殊剤による少し固型の物とがある。冷凍庫に4〜5時間入れて使用するため，アイスパックの表面温度は－5℃〜－15℃となり強力に保冷することができる。強い炎症に対してのアイシングに向いているが，凍傷の危険性があるため，アイスパックの下に1枚うすいタオルを敷くなど工夫した方がよい。ジェル状のものは関節等にフィットする柔軟性がある。特殊剤により比較的固型のものは，堅いので腰等平らな面に使用することが多い。

　アイスパックも専用のベルトや弾性包帯・ラップで固定することにより移動や体操程度の動きは可能である。

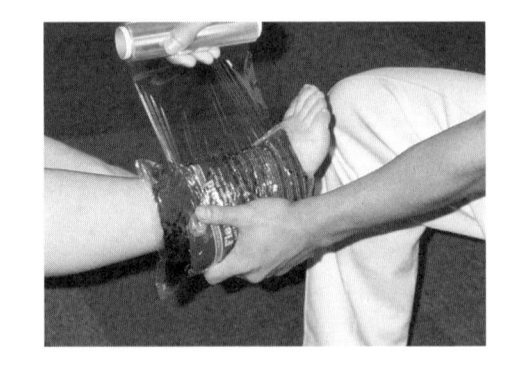

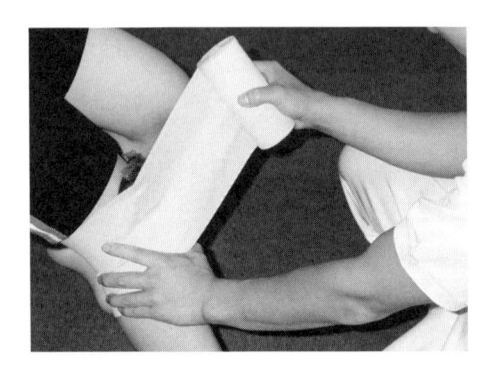

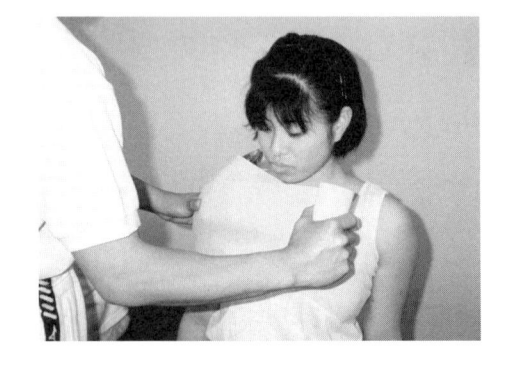

3） 氷とビニール袋によるアイシング

　氷をビニール袋に入れてアイシングをする。できれば氷は製氷機で作ったブロック状の氷が望ましい。ビニール袋内で氷を平らにし，ビニール袋の空気を抜き，真空状態にする。平らにすることにより氷の角が皮膚にあたり痛くないようにする。体温によって，氷はだんだんと溶けてくるので長時間アイシングしない限り，凍傷の危険は少ない。この場合，弾性包帯やラップで固定するとよい。

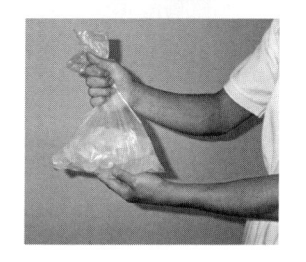

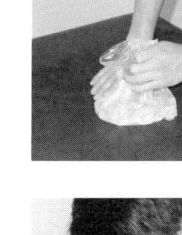

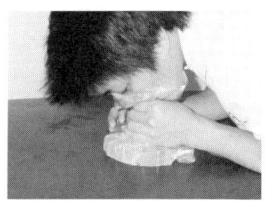

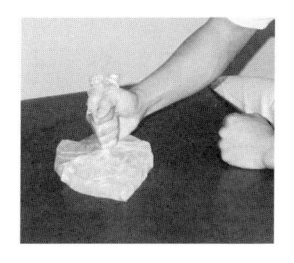

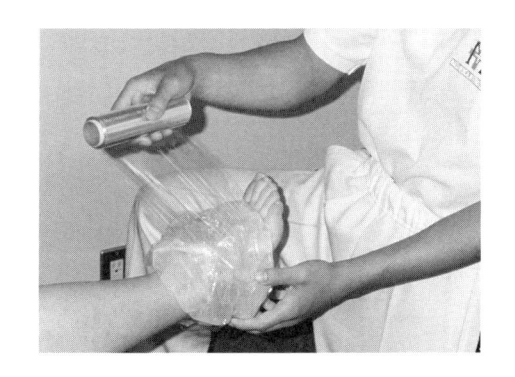

4） アイスクリッカー

　紙コップに水を入れ凍らせて，その氷を直接患部にあててアイシングする方法があるが，この場合氷からの水滴が衣服や床面を濡らすことがある。そこでアイスクリッカーは局所的な冷却を目的とする場合に使用する。容器の中に食塩と氷片を混入してよく振ると，両端が－7℃まで下がり，冷療法を短時間に行うことができる。患部にジェルを付け滑らせながら回したり，なでたりすることにより，局所的に冷却することが

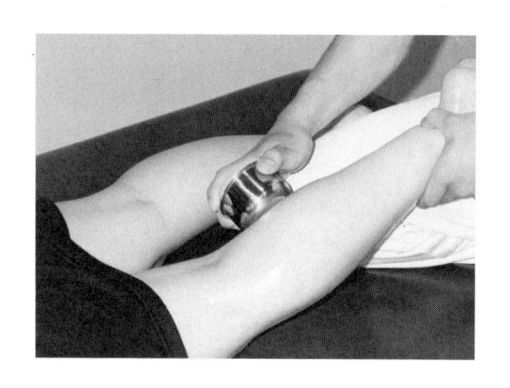

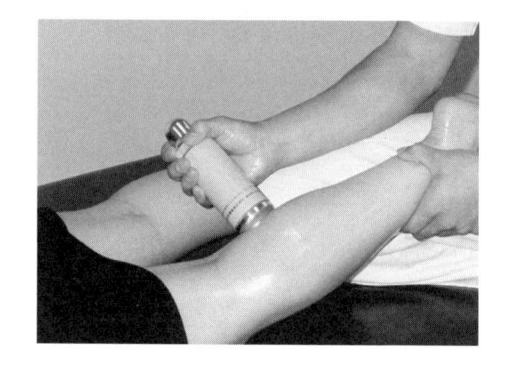

でき，水滴で衣服や床面をぬらすことも最小限におさえることができる。

5） コールドスプレー

　瞬間的にスプレーすることで，突然のアクシデントから患部を一時的に冷却することができる。方法は，患部より20～30 cmくらい垂直に上げ，患部とその周辺に吹きかける。同じ場所ばかり吹きかけると部分的に霜がつき凍傷になる恐れがあるため，3秒以上同じ場所に吹きかけないようにする。

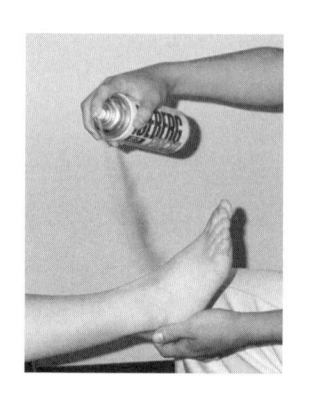

6） アイシングシート（コールドシート）

　スポーツ選手の本格的なアイシング用には適していないかもしれないが，最近人気のある商品として，数多く市販されるようになってきた。筋肉のほてりを減少させ熱を吸収することができる。伸縮性・粘着力と心地よい刺激によってリラクセーションとしても使用される。

7） 循環冷却

　タンクの中に氷水を入れ，ポンプを握るだけの簡単な操作で冷却水を循環させ，アイシングに最適な5℃をキープすることができる。凍傷になりにくく，的確に患部を冷却，アイシングパットは均一に冷却水が行き届く構造になっている。患部に的確な圧迫・冷却を与え保冷力のあるアイシングタンクは軽

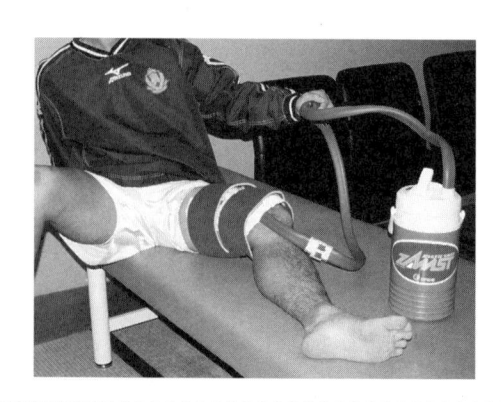

量で，コンパクト設計であるため，試合の遠征や合宿にも最適である。

(2) アイシングの応用方法（部分・半身・全身）

たいていのスポーツ現場では，前項に述べたアイシングの仕方が主流であるが，時には下半身を氷水の入った大きなバケツに浸けたり，お風呂に氷水や冷水を入れ全身を浸けたりする場合がある。また，冷水と温水とを繰り返す交代浴法がある。これは急性期以外で，筋肉の疲労により少し筋肉がけいれんしている場合や肉離れの後遺症等，筋組織に硬結（筋組織が硬くなっているところ）があるような慢性的な炎症で，それを除去したいという場合に有効である。交代浴は繰り返すことによって血流が増加し，治癒能力を高める効果がある。冷水浴は5℃～12℃程度，温浴は35℃～40℃程度に設定する。これを3回ほど繰り返す。

1クール			2クール			3クール	
冷水	温浴	休憩	冷水	温浴	休憩	冷水	温浴
30秒	5分	3分	1分	6分	3分	2分	7分

4 目的別アイシングの方法

(1) 試合（練習）前でのアイシング

試合（練習）前のアイシングにはまず傷害予防を目的としたものが多い。また，クライオキネティクス理論では，cryo＝冷却，kinetics＝運動つまり，「冷やして動かす」といったことで，これを繰り返し行う。目的は可動域（ROM）の確保であり，緊張した靭帯や筋肉に柔軟性をつけ関節を動かしやすくする方法である。

特に，試合（練習）前は，体が柔かくなくてはならないため，温熱療法もよいが，アイシングの生理的リバウンド効果を利用して体循環を促

進させ，ウォーミングアップの一環として利用する。

(2) 試合（練習）中でのアイシング

　試合（練習）中のアイシングは，競技種目にもよるが，ハーフタイムやコートチェンジ等のある競技，たとえば，サッカー，ラグビー，バレーボール，テニス等，試合中に休憩が取れる場合，わずか10分程度でもアイシングすることにより，筋肉の炎症が軽減する。また，精神的にも身体を冷却することにより，落ちつくことができる。その場合，たいてい監督，コーチ等からの作戦やアドバイスを受けながらアイシングするため，選手が頭や後頸部，大腿部前面等を冷やしながら次の試合への作戦を考えることが多い。その他，野球選手が出場番の直前までベンチでアイシングをしていることもある。

(3) 試合（練習）後でのアイシング

　試合（練習）後のアイシングは，傷害の処置としてのアイシングと，クールダウンを目的としたアイシングの2つがある。まず傷害処置としてのアイシングは，RICE処置のI（冷却）で，治療としてのアイシングである。

　一方，クールダウンを目的としたアイシングは，使用した筋肉，靱帯等関節や皮膚を冷却する。生理的リバウンド効果による血行促進で乳酸等老排物を除去することにより，次の日に筋疲労や筋肉痛等を残さないためには大変有効である。

【参考文献】
1）山本利春『Sports medicine（アイシング）』ブックハウスエイチディ，1997年
2）吉本完明『トレーナーからのアドバイス』陸上競技社，1997年
3）斎藤明義『アスレチックトレーナー専門科目テキスト』日本体育協会，1998年
4）武藤芳照他『スポーツトレーナーマニュアル』南江堂，1996年

【写真モデル】
馬場淳仁
井田早苗

まとめ

1. アイシングとは，氷や冷水等によってからだを冷やし，傷害部の炎症や内出血を抑えて，スポーツ傷害の予防や治療に役立てる方法である。
2. アイシングは応急処置の中でもっとも大切である。炎症を抑え，後遺障害を少なくできる。
3. アイシングの4つの指標
   ①痛い（ジーンとくる痛み）
   ②ピリピリする（針で刺されているような痛み）
   ③温かい（ポカポカする）
   ④感覚がなくなる（寒い日につま先の感覚がなくなるときのような感じ）
   この4つの感覚を通過したらアイシングを終了または中断する。
4. アイシングでは冷やしすぎによる凍傷に注意する。
5. アイシングの注意事項を守りながら，基本テクニックをマスターしよう。

第7章
コンディショニングのための測定法

1 形態測定法の実際

(1) はじめに

　トレーナーが対応するスポーツ選手などの形態を測定することは，トレーニング効果の判定や，コンディショニングの判定の一助として，ひんぱんにその必要性に迫られることであろう。

　形態に関する測定は，多くの測定機器を必要とせず，現場サイドでも手軽に測定可能である。本項では，スポーツ医・科学の分野で比較的ひんぱんに測定されている形態関係の測定項目を取り上げ，その測定法の実際を記すことにする。

(2) 形態測定について

　形態測定は，Rudlf Martin（マルチン）の人体計測器一式と体重計ですべて測定できるが，計測に便利なように，身長計，皮脂厚計等も用いられている。

　マルチンの人体計測器はアントロポメーター，桿状計，滑動計，触角計などからなる（図7-1）。

　形態の測定は，マルチンの生体計測を基準として形態測定が行われる。生体の形態測定には

マルチンの人体計測器

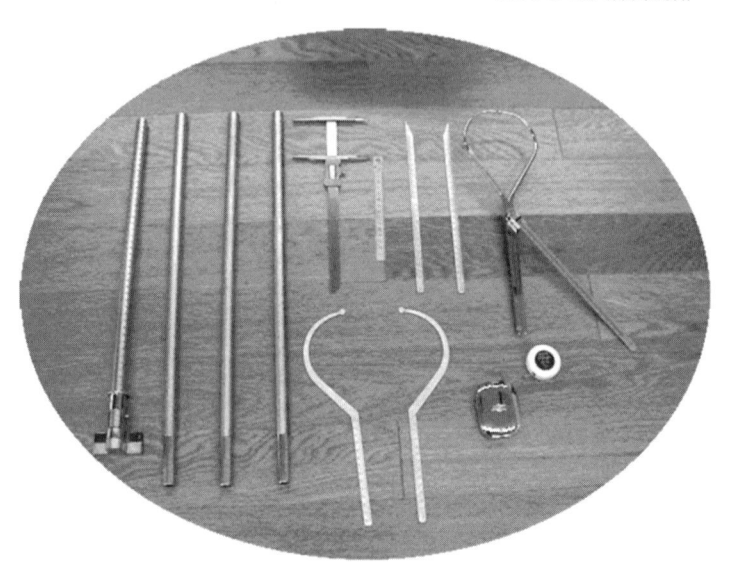

● 図7-1 ● マルチン人体計測器

身体計測点（前面）

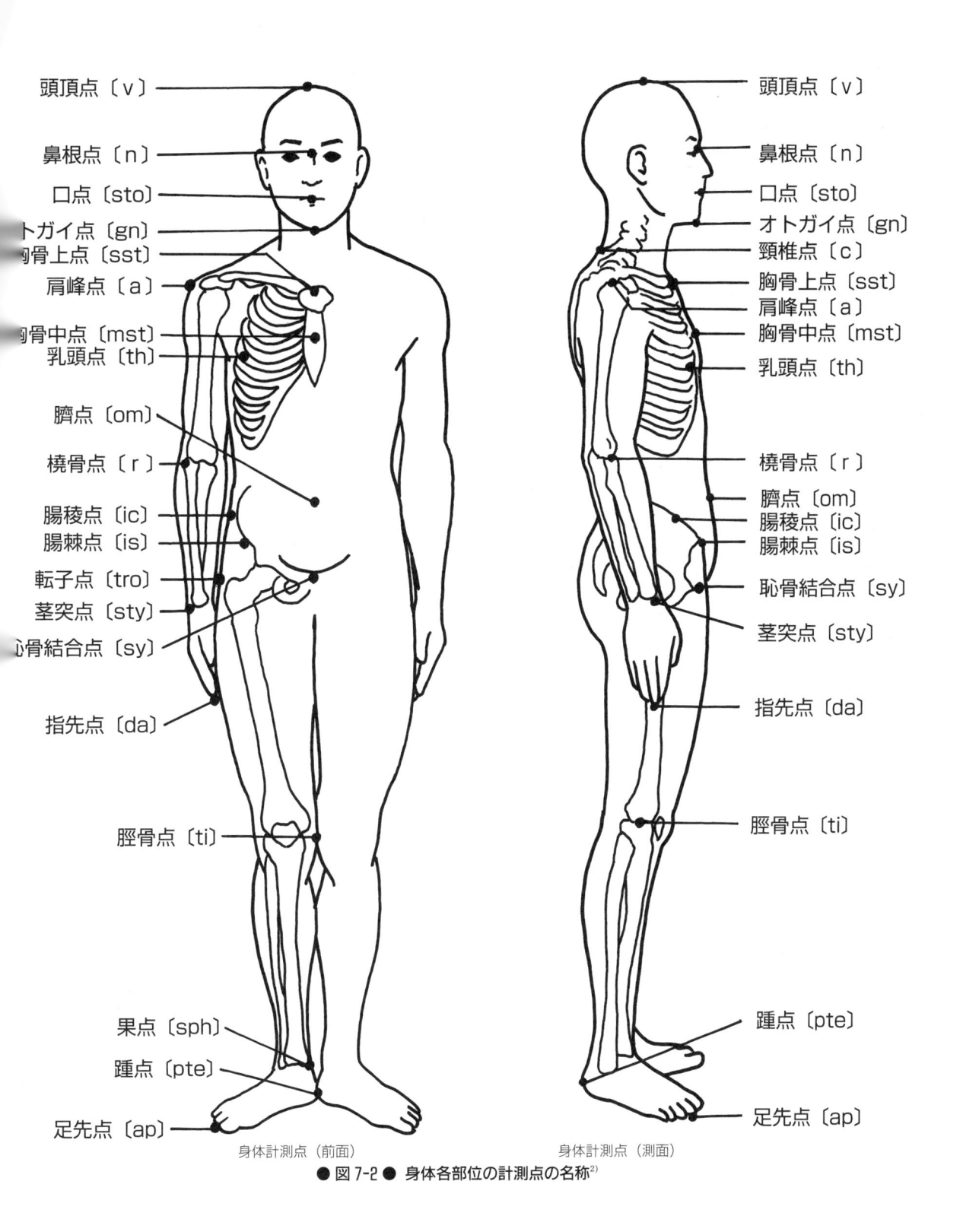

- 頭頂点〔v〕
- 鼻根点〔n〕
- 口点〔sto〕
- オトガイ点〔gn〕
- 胸骨上点〔sst〕
- 肩峰点〔a〕
- 胸骨中点〔mst〕
- 乳頭点〔th〕
- 臍点〔om〕
- 橈骨点〔r〕
- 腸稜点〔ic〕
- 腸棘点〔is〕
- 転子点〔tro〕
- 茎突点〔sty〕
- 恥骨結合点〔sy〕
- 指先点〔da〕
- 脛骨点〔ti〕
- 果点〔sph〕
- 踵点〔pte〕
- 足先点〔ap〕

身体計測点（側面）

- 頭頂点〔v〕
- 鼻根点〔n〕
- 口点〔sto〕
- オトガイ点〔gn〕
- 頸椎点〔c〕
- 胸骨上点〔sst〕
- 肩峰点〔a〕
- 胸骨中点〔mst〕
- 乳頭点〔th〕
- 橈骨点〔r〕
- 臍点〔om〕
- 腸稜点〔ic〕
- 腸棘点〔is〕
- 恥骨結合点〔sy〕
- 茎突点〔sty〕
- 指先点〔da〕
- 脛骨点〔ti〕
- 踵点〔pte〕
- 足先点〔ap〕

● 図 7-2 ● 身体各部位の計測点の名称[2]

さまざまな計測部位，すなわち**計測点**が規定されているため，定義されている計測点を，被験者の皮膚に触れ，皮膚の上から骨格の突起や骨端などを探り出して求めるので，事前にトレーニングをしておかなければならない（図7-2）。

計測点

（3） 長育関係項目の測定方法

1） 身長

身長計を使用し，床面より頭頂点までの垂直距離を測定する。測定の際は，被験者に自然な立位姿勢をとらせる。頭部は**耳眼水平面**（**耳珠点**と**眼窩下縁**を結ぶ線）を床面に対して平行（図7-3）に保ち，踵はそろえて背後の身長計につけ，両足先は約30〜40度開き，膝を伸ばして踵から臀部，背部と軽く身長計に接触させる（図7-4）。

身長

耳眼水平面

耳珠点

眼窩下縁

なお，長身被験者の身長を測定する際には，踏み台などを使用し，検者の視線を被験者の頭頂点に合わせて高くするという努力をおこたりがちになるので注意を要する。

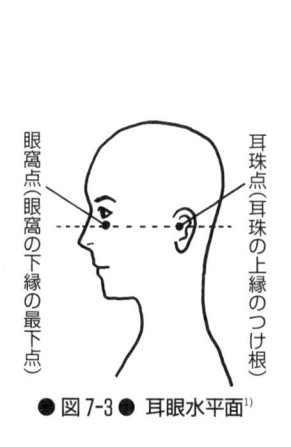

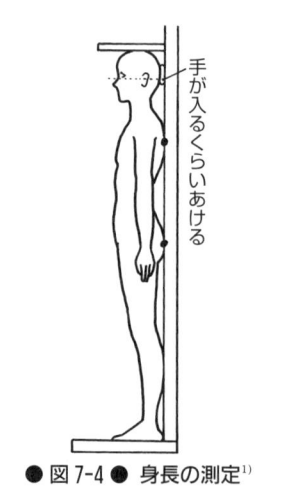

● 図7-3 ● 耳眼水平面[1]　　● 図7-4 ● 身長の測定[1]

2） 座高

座高

座高計を使用し，座面より頭頂点までの垂直距離を測定する。注意点としては，臀部を計測支柱に触れさせ，背すじを伸ばすことを被験者に指示し，大腿が水平，下腿が垂直になるように座面を調節する。その他は身長計測と同様に計測する。

3）上肢長

図7-5に示すように，被験者には手掌を体側に向けた状態で，上肢を下垂させ，測定には桿状計を使用し，**肩峰点**から**指先点**までの直線距離を測定する。

注意点は肩峰点を正確に探り出すことで，第2指と第3指にて肩峰を圧迫し上肢を前後・上下に動かしながら確認する。

4）上腕長

図7-6に示すように，被検者の手掌を前方に向けた状態で上肢を下垂させ，桿状計を使用し，肩峰点から**橈骨点**までの直線距離を測定する。

測定上の注意点は，肩峰点・橈骨点（図7-7）の両計測点を正確にとらえることで，肘関節を指にて圧迫しつつ，前腕を動かしながら確認する。

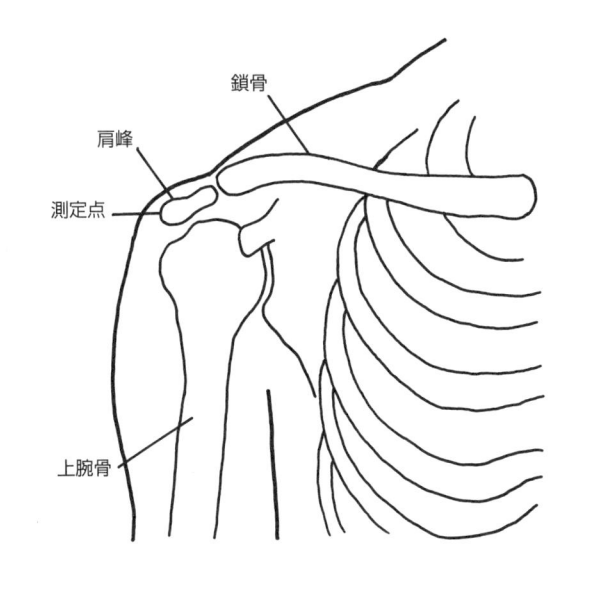

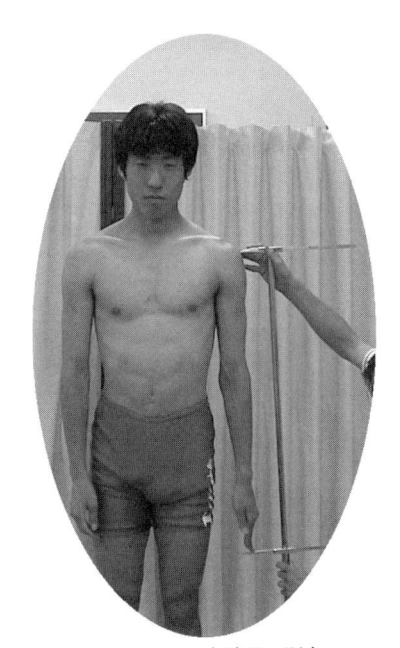

● 図7-5 ● 上肢長の測定

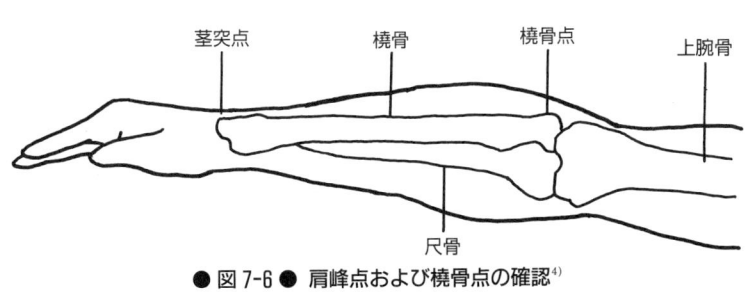

● 図7-6 ● 肩峰点および橈骨点の確認[4]

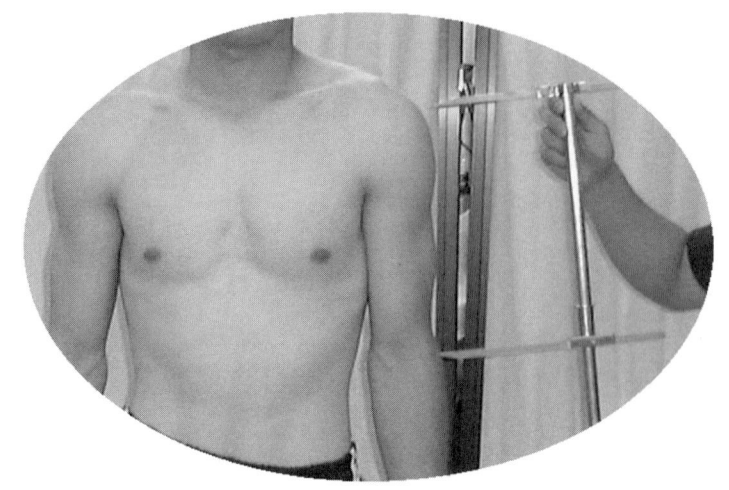

● 図 7-7 ● 上腕長の測定

5） 前腕長

被験者の手掌を前方に向けた状態で上肢を下垂させ，桿状計を使用し，橈骨点から茎突点までの直線距離を測定する。

測定上の注意点は，橈骨点・茎突点の両計測点を正確にとらえることで，肘関節および手関節を指にて圧迫しながら，前腕や手関節を動かして確認する。

前腕長

茎突点

6） 手長

被験者の手掌を前方に向けた状態で上肢を下垂させ，桿状計を使用し，橈骨点から指先点までの直線距離を測定する。測定上の注意点は，前記，前腕長の測定と同じく，橈骨点を正しくとらえることである。

手長

7） 下肢長

図 7-8 に示すように，マルチンの身長計の下方部分（1/4 ないし半分）を使用し，大腿骨頭から床面までの垂直距離を測定する。

なお，大腿骨頭を発見することはかなりむずかしく，図 7-9 に示すように腸骨上棘高と恥骨結合上縁高との平均値を求める方法もある。

下肢長

大腿骨頭

腸骨上棘高

恥骨結合上縁高

8） 足長

踵の内でもっとも後ろに突出している踵点から，踵点より高いところ

足長

踵点

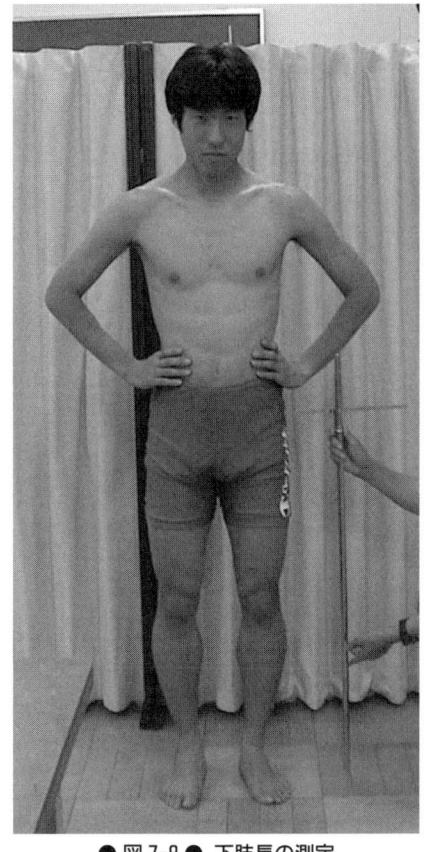

● 図7-8 ● 下肢長の測定

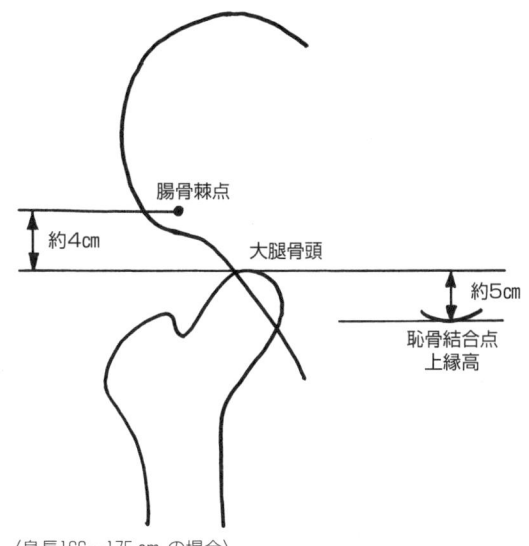

● 図7-9 ● 大腿骨頭の位置[1]

〈身長166〜175 cmの場合〉
①腸骨棘点で測定し4 cmを引く。
②恥骨結合点縁高で測定し5 cmを加える。
③これらは身長により異なる。

にある指の前端の**足先点**までの直線距離を，桿状計もしくは滑動計で測定する。

足先点

（4）周育関係項目の測定方法

1）腹囲

腹囲

被験者には腹筋をできる限り弛緩させて緊張を解かせ，静かに通常の呼吸をさせる。巻尺を使用し，**肋骨弓**と**腸骨稜**の間で左右の側腹壁の最終凹部に水平に一周させて計測する。

肋骨弓
腸骨稜

2）腰囲

腰囲

被験者に両足をそろえて自然に立たせ，後ろから計測点（背面では臀部の最大突出部，外側では**大転子**の上，前面では**恥骨部**）を通るように確かめつつ巻尺を回し，完全に身体に密着していることを確かめた後に計測する。

大転子
恥骨部

3) 胸囲

被験者に自然な立位姿勢を保たせ，前面は乳頭の直上，背部は肩甲骨・下角の直下を結ぶように巻尺を当て，被験者に安静状態で軽い呼吸を行わせ呼気と吸気の中間で測定する(図7-10)。

女性の場合は，胸骨中点の高さ（左右の第4胸肋関節を結ぶ線の高さ）で測定することが多い。

4) 上腕囲

- 伸展囲……掌面を内側に向け，肘および指を伸ばしたまま側方にたらし，上肢の諸筋を弛緩させたところで上腕二頭筋の最大膨起部を長軸に対し垂直に巻尺を当てて計測する。
- 屈曲囲……伸展上腕位を計測後，巻尺を取りはずさず，上腕の位置をそのままに手指を握り，全力で肘を曲げたところで計測する（図7-11）。

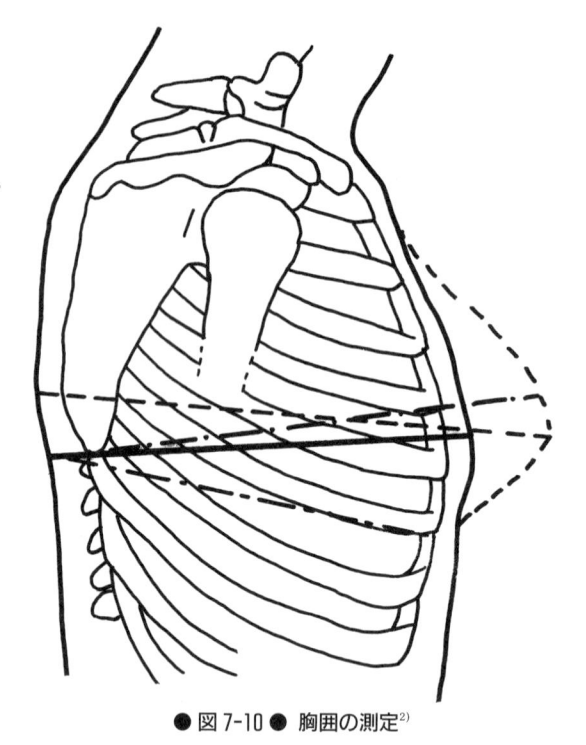

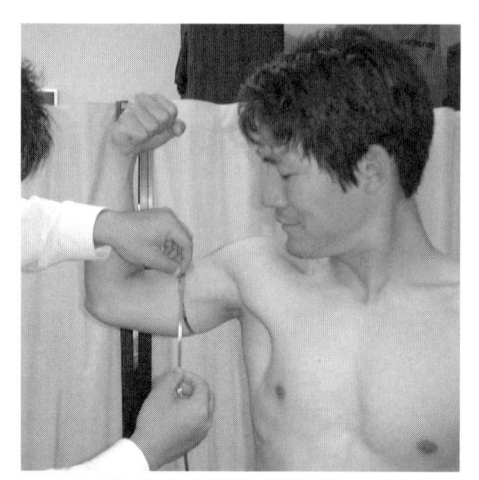

● 図7-10 ● 胸囲の測定[2]

● 図7-11 ● 上腕囲（屈曲囲）の測定

5) 前腕囲（最大囲）

上肢を下垂させ，肘関節の下方で，前腕の最大囲を巻尺で測定する。注意点としては，握りこぶしをつくったり手指をそらせるなどして前腕

部を緊張させることなく，軽く手掌を開いた状態で測定する(図 7-12)。

6) 大腿囲（最大囲） 大腿囲

　左右の踵を 10 cm くらい離し，両足均等に体重をかけ，巻尺が大殿筋にかからないように注意しながら，大腿部長軸に直角に，最大囲を巻尺で測定する（図 7-13）。

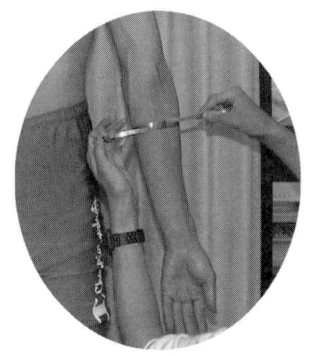

● 図 7-12 ● 前腕囲の測定　　● 図 7-13 ● 大腿囲の測定

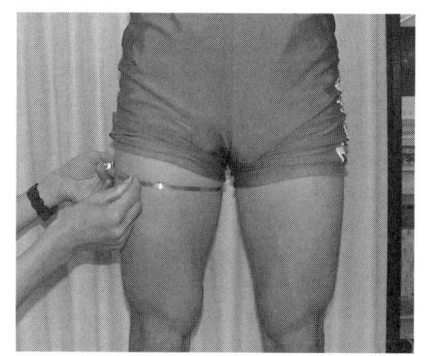

7) 下腿囲 下腿囲

　左右の踵を 10 cm くらい離し，両足均等に体重をかけ，下腿長軸に直角に最大囲を巻尺で測定する。

(5) 量育，幅育関係項目の測定方法

1) 体重 体重

　体重計を使用する。被験者を原則として裸体で，場合によっては少数の衣類を着用させて秤台の中央部に立たせる。その際，重心が体重計の中心部にあるように注意する。

2) 肩峰幅 肩峰幅

　被験者には立位の自然な姿勢，すなわち両腕は自然に体側にたれさせた状態を保たせる。計測者は両手の示指と母指で触覚計の脚の突端を持ち，計測点の両肩峰突起点に触れながら左右の肩峰点間の距離を計測する。

3）胸幅

安静呼吸の状態で呼気と吸気との間に，胸囲計測と同様の姿勢から，両側の肋骨のもっとも側方に突出している2点間の直線距離を桿状計で計測する。

4）腸骨稜幅

左右の腸骨稜点間を桿状計で測定する。注意点は，図7-14に示す左右の腸骨稜点を正確にとらえることで，直立させた際，腸骨稜のうち，もっとも外側に突き出た点である。

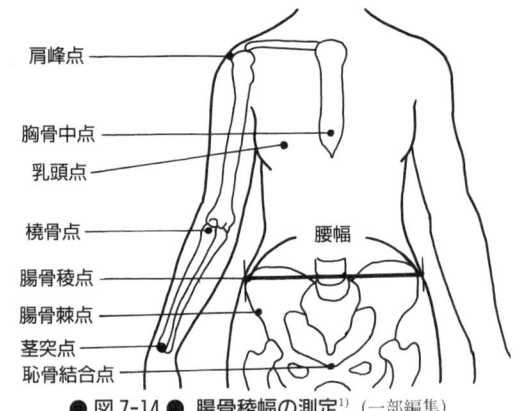

● 図7-14 ● 腸骨稜幅の測定[1]（一部編集）

（6）体組成について

身体を構成する要素（体組成）の類別方法はいくつかあるが，解剖学的には脂肪細胞，骨格筋，内臓，骨およびその他の要素から構成されている。これらの内，脂肪はその割合が変化しやすく，また脂肪の量（体脂肪量）は生活習慣病の発現と密接に関わっていることから体組成を脂肪とそれ以外の部分（除脂肪）に分けるモデルが幅広く用いられている。なお，表7-1には体脂肪からみた肥満の判定基準を示した。

● 表7-1 ● 体脂肪率による肥満度の判定基準[5]

判定		軽度肥満	中等度肥満	重度肥満
男性（全年齢）		20％以上	25％以上	30％以上
女性	（6〜14歳）	25％以上	30％以上	35％以上
	（15歳以上）	30％以上	35％以上	40％以上

1）皮下脂肪厚による体脂肪率（皮脂厚法）

皮下脂肪厚の測定は，一般に栄研式皮脂計測器を使用して測定される。測定前に皮脂厚計のはさむ圧力が$10\,g/mm^2$になるようにバネの強さを調節する（図7-15）。被験者に自然な直立姿勢をとらせ，測定部位の皮下脂肪を皮膚と一緒につまみ上げ，指から1 cm離れたところを測定する。測定値は3回計測しその平均値とする。図7-16に示すように，上腕背部と肩甲骨下部の皮下脂肪厚を測定し，長嶺らの計算式を利用して身体密

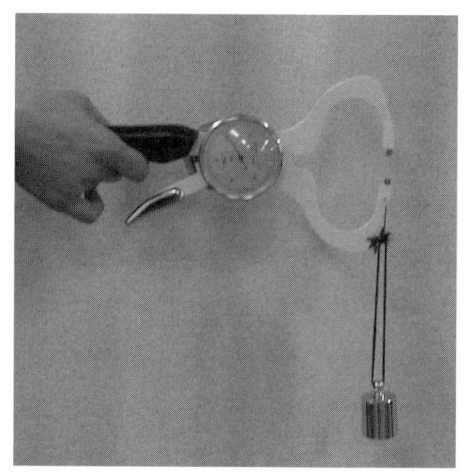

● 図7-15 ● 皮脂計測器

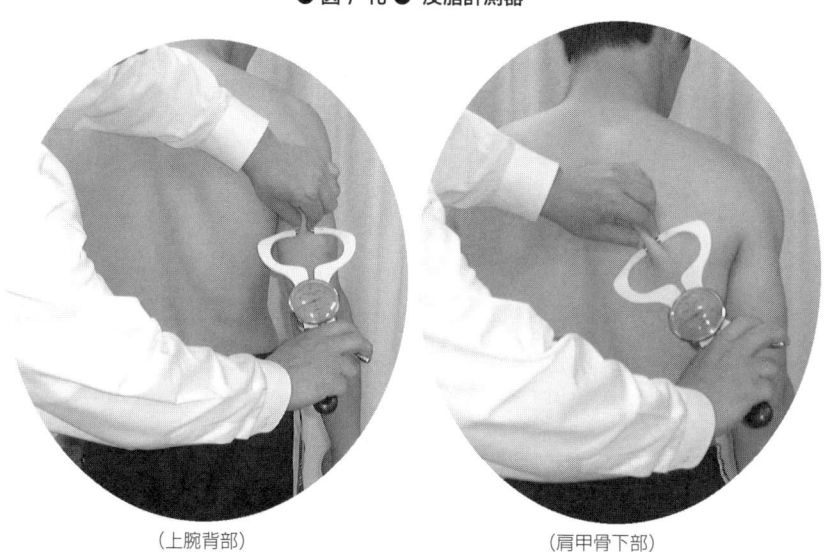

（上腕背部）　　　　　　　　　（肩甲骨下部）

● 図7-16 ● 皮脂厚の計測

● 表7-2 ● 皮下脂肪厚から体脂肪率を求める計算式[6]　（一部編集）

長嶺らの身体密度の計算式

	男　子	女　子
9～11歳	D＝1.0879－0.00151X	D＝1.0794－0.00142X
12～14	D＝1.0868－0.00133X	D＝1.0888－0.00153X
15～18	D＝1.0977－0.00146X	D＝1.0931－0.00160X
成　人	D＝1.0913－0.00116X	D＝1.0897－0.00133X

D：身体密度，X：皮下脂肪厚（上腕背側部＋肩甲骨下部）mm

ブローゼックの体脂肪率の計算式

$$\%fat = (4.570/D - 4.142) \times 100$$

※Dは身体密度を表す

度を求め，さらにブローゼックの計算式に代入し体脂肪率を求める（表7-2）。

2） バイオインピーダンス法

　生体に微量な電気を流し，その電気抵抗から体脂肪率を測定する方法をバイオインピーダンス法という。現在では体脂肪率を測定するのに，もっとも一般的な方法であるが，どの部位に電気を流すかによって，また身体の状態（安静時か運動直後か，空腹時か食後すぐか）等により変化することがある。図7-17は上半身による測定方法を示している。

● 図7-17 ● バイオインピーダンス法

3） 水中体重法

　体脂肪の測定でもっとも精度がよい方法は水中体重法である（図7-

● 図7-18 ● 水中体重法

18)。これは通常の状態での体重と，水中での体重から身体密度を測定し，そこから体脂肪量を求める方法であるが，高価で特殊な機器が必要であり，簡易に体脂肪量を測定するのは困難である。

2 体力測定法の実際

(1) はじめに

「**体力**」とはPhysical fitnessの訳語であり，「身体の適応能力」ともいうことができる。体力の構成要素は，身体的要素と精神的要素に分けられ，さらにそれぞれ行動体力と防衛体力に分けられる（図7-19）。体力を測定する場合，精神的要素については客観的な測定が困難であり，さらに身体的要素のうち防衛体力については数量的測定が確立していない。よって体力測定とは身体的要素のうち，行動体力の機能を測定することである。

体力測定の測定項目には，トレーナー自身がスポーツ現場などで，適切な時期に手軽に測定してこそ有効な医・科学データとなり得る測定項

体力

```
体力─┬─身体的要素─┬─行動体力─┬─形態─┬─体格
     │            │          │      └─姿勢
     │            │          └─機能─┬─筋力
     │            │                  ├─敏捷性・スピード
     │            │                  ├─平衡性・巧緻性
     │            │                  ├─持久性
     │            │                  ├─柔軟性
     │            │                  └─瞬発力
     │            └─防衛体力─┬─構造─── 器官・組織の構造
     │                        └─機能─┬─温度調節
     │                                ├─免疫
     │                                └─適応
     └─精神的要素─┬─行動体力──┬─意思
                  │            ├─判断
                  │            └─意欲
                  └─防衛体力─── 精神的ストレスに対する抵抗力
```

● 図7-19 ● 体力の分類

目も少なくない。

　以下に紹介する体力測定項目は，比較的入手の容易な測定機器を使用し，スポーツ現場などでも実施可能な項目であり，トレーナーとして，ぜひ身につけてほしい測定方法である。

（2）　筋力の測定

・握力

握力

　握力計の指針が外側になるようにし(図7-20)，人差し指の第2関節がほぼ直角に曲がるように握り幅を調整する。直立姿勢で両足を左右に自然に開き，腕を自然に下げ，握力計を身体や衣服に触れないようにして，力いっぱい握りしめる。握る時間は3～5秒とする。この時，握力計を振り回さないように注意する。なお，測定は左右各2回ずつ，値の大きい方の記録を取り，その平均値を握力値とする。

● 図7-20 ● 握力の測定

（3）　筋持久力の測定

・上体おこし

上体おこし

　仰臥姿勢(ぎょうが)から上体を起こす動作が30秒間に何回できるかを測定することによって，筋持久力を測定する項目である。測定方法は被験者をマットの上に仰向けに寝かせ，両足を約30 cm開き，膝を垂直に曲げて両手を胸の前で組ませる。補助者は被験者の両足をしっかりおさえる。「始

仰臥姿勢

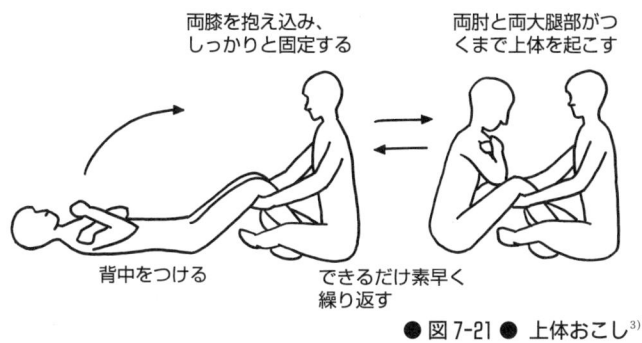

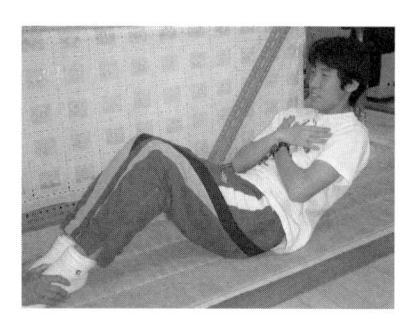

● 図 7-21 ● 上体おこし[3]

め」の合図とともに上体を起こし，両膝に両肘をつけ再び上体を寝かす。測定値は 30 秒間に両肘が両膝についた回数を数えるが，寝たときに必ず両肩甲骨が地面に触れなければならない（図 7-21）。

(4) 敏捷性の測定

・反復横跳び

図 7-22 のように中央線を引き，その両側 1 m の所に 2 本の平行線を引く。被験者は中央の線をまたいで立ち，「始め」の合図で右側の線を越すか触れるまでステップ（決してジャンプしない）し，次に左へステップして中央へ戻り，さらに左へステップして左側の線を越すか触れるまでステップする。これを 20 秒間繰り返して行い，線を触れるか越すかするごとに 1 カウントとして数える。

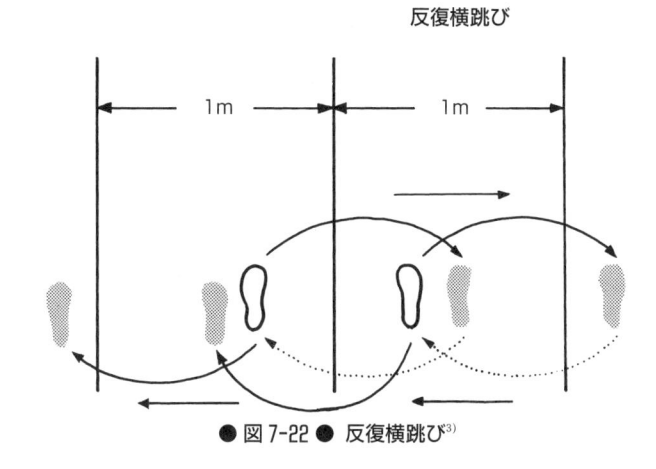

● 図 7-22 ● 反復横跳び[3]

・全身反応時間

全身反応時間とは光刺激が眼から入り，体を動かすまでの時間を測定するものである。被験者は跳躍台上に立ち，「用意」の合図で膝関節を軽く曲げる。**光刺激**を合図にできるだけ速く跳躍台から両足を離すようにする。この際に「足をできるだけ速く離す」ことを心掛けさせ，決して飛び上がらないように注意する。測定は 5 回行い，最高と最低を除去した 3 回の測定値の平均をとる。

第7章　コンディショニングのための測定法

（5） 瞬発力

・垂直跳び

垂直跳び

垂直跳びの測定方法は，①文部科学省のスポーツテスト方式，②紐(ひも)引き上げ方式，③**フォース・プレート**を利用した方式，の3種類がある。

フォース・プレート

文部科学省のスポーツテストに採用されている測定方法は，指先にチョークの粉などをつけておき，上肢を振り上げながら垂直跳びを行わせ，もっとも高く跳び上がった時点で指先を壁面などにタッチさせて測定する方法である。

紐引き上げ方式では，被験者の腰ないしは腹部に紐を結びつけて垂直跳びを行わせ，跳び上がった高さに応じ，引き出された紐の流れを測定して垂直跳びの値とする方法である。この測定法の注意点は，跳び上がる際に，紐に足などを引っかけないこと，ひねりを加えた垂直跳びを行わないこと，前方や側方に跳び上がらないように指導することである。

フォース・プレートを利用した測定は，跳び上がって壁面をタッチさせることも，紐を引き上げることもなく，フォース・プレート上で垂直跳びを行わせるだけで値（被験者の体重を垂直方向に移動させた距離）が求められることである。この測定法の注意点は，安全面に対する配慮で，具体的には，フォース・プレート面と床面とに段差をつけない工夫をすることである。

・立ち幅跳び

立ち幅跳び

立ち幅跳びは，立位姿勢から両足踏切で前方へ跳躍した距離を計測し，

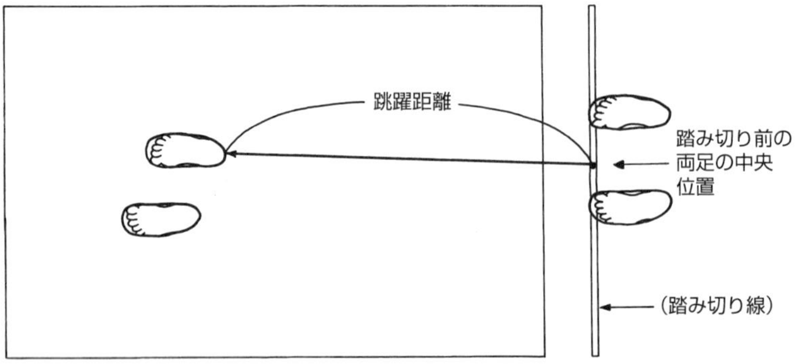

●図7-23● 立ち幅跳び[3)]

筋パワー（瞬発力）を測定する項目である。体が砂場およびマットに触れた位置のうち，もっとも踏み切り線に近い位置と，踏切前の両足の中央位置とを結ぶ直線距離を測定する(図7-23)。踏切の際には，二重踏切にならないようにする。マットで行う場合は，着地の際にマットがずれて，思わぬ転倒事故が起きる危険性も考えられるため，テープで固定する等して滑りにくくすることが必要である。

(6) 柔軟性

・立位体前屈

被験者は台に上がって両足を揃えて踵をつけ，足先を約 5 cm 開く。次に両手をそろえて指先を伸ばし，反動をつけずに指先で測定板を徐々に下方へ押し出す(図7-24)。測定時に被験者側に考えられる危険性として，前屈した際に，台上から前方に落下すること，および測定台への昇降時における転倒が考えられる。この危険性を排除し，落下した際にはただちに補助できるよう，検者は注意が必要である。

● 図7-24 ● 立位体前屈

・長座体前屈

壁に背・尻をピッタリとつける。段ボール箱を用意し，足を入れられるような台を作る。肩幅の広さで両手の手のひらを下にして，手のひらの中央付近が箱の手前端にかかるように置く。胸を張って両肘を伸ばしたまま，両手を箱から離さずゆっくりと前屈し，箱全体をまっすぐに前方にできるだけ遠くまで滑らせる(図7-25)。この時膝が曲がらないよう

● 図7-25 ● 長座体前屈[3]

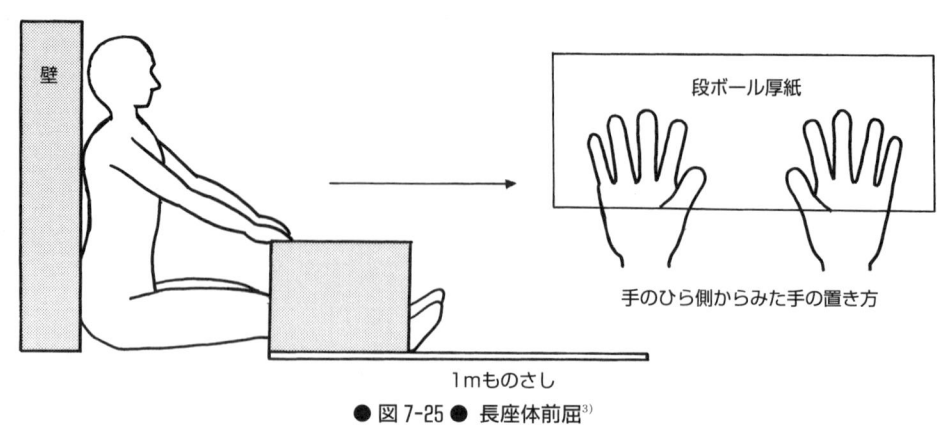

に注意する。

(7) ウィンゲートテスト

ウィンゲートテストは，イスラエルのウィンゲート医科学研究所で開発された**アネロビック・パワー**を測定する，**エルゴメトリーテスト**である。これは，体重の7.5％（体重×0.075）の負荷で40秒間の全力ペダリングを行わせるものである。体重の7.5％という負荷は脚力の影響からみて妥当である。

測定方法は，自転車エルゴメーターを用いて，サドルの高さを調節し，ペダルと靴を固定させ，ウォーミングアップを行った後に，40秒間の全力ペダリングを行う。この測定の注意点は，非常に過激な測定であるために，ウォーミングアップとクールダウンは十分に行わせることである。また，パワーの低下パターンを変化させないために，全力ペダリング中にサドルから腰を浮かせないことである。

(8) 全身持久力の測定

1) 最大酸素摂取量（$\dot{V}O_2$max）の測定

最大酸素摂取量（$\dot{V}O_2$max）とは，1分間あたりに体内に摂取しうる酸素量の最大値のことであり，全身持久力を表す指標としてもっとも有効な手段の1つである。

$\dot{V}O_2$max の測定法には，直接法と間接法の2種類がある。

・直接法

ウィンゲートテスト

アネロビック・パワー
　瞬時に大きなパワーを出す瞬発性能力のこと（無酸素性パワー）

エルゴメトリーテスト

最大酸素摂取量

自転車エルゴメーターやトレッドミルにより，呼気ガス分析装置を用いて直接酸素の摂取量を呼気から算出する方法であり，疲労困憊（All out）まで追い込み，その時点における酸素摂取量を求める。図 7-26 はトレッドミルによる，図 7-27 は自転車エルゴメーターによる直接法を用いた $\dot{V}O_2max$ の測定風景を示している。呼気ガス分析には大がかりな装置が必要であり，安全面からも中高齢者には適さない。よって，間接的に $\dot{V}O_2max$ を求める方法がいろいろと考案されている。

自転車エルゴメーター
トレッドミル
呼気ガス分析

● 図 7-26 ● トレッドミルを用いた最大酸素摂取量の測定

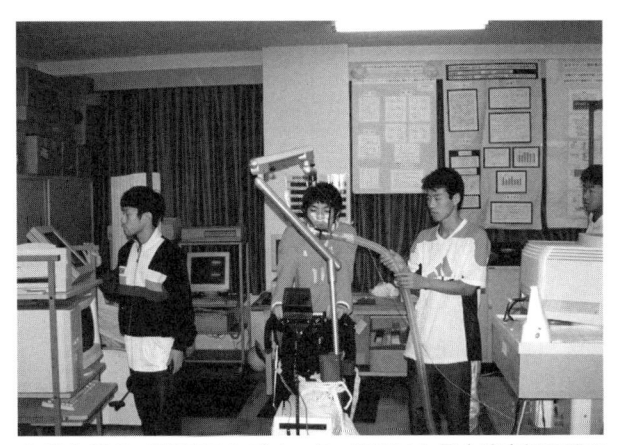

● 図 7-27 ● 自転車エルゴメーターを用いた最大酸素摂取量の測定

・間接法

酸素摂取量を直接測定せず，心拍数などから推定する方法である。測定方法は，運動負荷テスト時に各負荷段階における心拍数とその負荷強度における酸素摂取量が直線関係にあることから，**多段階漸増負荷テスト**（最低 3 点）による負荷（W）と脈拍の関係から直線回帰式を求め

多段階漸増負荷テスト

第7章 コンディショニングのための測定法

る。そして，推定最高脈拍に対応する仕事率（Wmax）を求め，その値を最大酸素摂取量に換算する。

推定最高脈拍 （bpm）＝男性：209−0.69×年齢，女性：205−0.75×年齢

最大酸素摂取量（1 ℓ/min.）＝1/5×1/0.232×0.014×Wmax

 1/5……酸素1 ℓ の消費で約5 kcal のエネルギーを放出

 0.232……エルゴメーターの運動効率（23.2％）

 0.014……Wをカロリーに換算する定数

被験者に $\dot{V}O_2max$ を発現させる運動負荷装置は，一般的に自転車エルゴメーターかトレッドミルのいずれかを使用する場合が多い。使用する運動負荷装置と被験者の競技特性により，発現される $\dot{V}O_2max$ は異なる。測定の際には，被験者の競技特性を考慮して選択することが重要である。被験者に $\dot{V}O_2max$ を発現させる方法は，近年は負荷漸増法を用いる場合が多い。自転車エルゴメーターの場合，摩擦抵抗（kp）と1分間あたりの回転数の2因子，トレッドミルの場合は，走行スピードと走行面の傾斜の2因子の組み合わせにより運動強度が決定する。低い強度の負荷から運動を開始し，漸次強度を増加させ，被験者に $\dot{V}O_2max$ を発現させるのであるが，被験者の競技特性や能力を参考に検討しなければならない。

2） 20 m シャトルランテスト

20 m シャトルランテストはレジェとランバートによって考案され，現在カナダおよびヨーロッパ等で広く普及している。したがって体力の国際比較も容易にでき，また，最大酸素摂取量との相関が高く，その成績から最大酸素摂取量の推定が可能であることが示されている。

20 m 間隔の2本の平行線を引き，専用の CD（テープ）を再生し，電子音によりスタートする。次の電子音が鳴るまでに20 m 先の線を踏むか越えるかし，あとはこの動作を繰り返す。電子音の間隔は1分毎に短くなり，電子音についていけず，2回続けて線に触れることができなかった時点で測定終了である。折り返しの総回数を記録とする。なお，表7-3に20 m シャトルランテストの記録から最大酸素摂取量を推定する表を示した。

● 表7-3 ● 20mシャトルラン（往復持久走）最大酸素摂取量推定表[3]

折り返し数	推定最大酸素摂取量 (ml/kg・分)	折り返し数	推定最大酸素摂取量 (ml/kg・分)	折り返し数	推定最大酸素摂取量 (ml/kg・分)	折り返し数	推定最大酸素摂取量 (ml/kg・分)
8	27.8	46	36.4	84	44.9	122	53.5
9	28.0	47	36.6	85	45.1	123	53.7
10	28.3	48	36.8	86	45.4	124	53.9
11	28.5	49	37.0	87	45.6	125	54.1
12	28.7	50	37.3	88	45.8	126	54.4
13	28.9	51	37.5	89	46.0	127	54.6
14	29.2	52	37.7	90	46.3	128	54.8
15	29.4	53	37.9	91	46.5	129	55.0
16	29.6	54	38.2	92	46.7	130	55.3
17	29.8	55	38.4	93	46.9	131	55.5
18	30.1	56	38.6	94	47.2	132	55.7
19	30.3	57	38.8	95	47.4	133	55.9
20	30.5	58	39.1	96	47.6	134	56.2
21	30.7	59	39.3	97	47.8	135	56.4
22	31.0	60	39.5	98	48.1	136	56.6
23	31.2	61	39.7	99	48.3	137	56.8
24	31.4	62	40.0	100	48.5	138	57.1
25	31.6	63	40.2	101	48.7	139	57.3
26	31.9	64	40.4	102	49.0	140	57.5
27	32.1	65	40.6	103	49.2	141	57.7
28	32.3	66	40.9	104	49.4	142	58.0
29	32.5	67	41.1	105	49.6	143	58.2
30	32.8	68	41.3	106	49.9	144	58.4
31	33.0	69	41.5	107	50.1	145	58.6
32	33.2	70	41.8	108	50.3	146	58.9
33	33.4	71	42.0	109	50.5	147	59.1
34	33.7	72	42.2	110	50.8	148	59.3
35	33.9	73	42.4	111	51.0	149	59.5
36	34.1	74	42.7	112	51.2	150	59.8
37	34.3	75	42.9	113	51.4	151	60.0
38	34.6	76	43.1	114	51.7	152	60.2
39	34.8	77	43.3	115	51.9	153	60.4
40	35.0	78	43.6	116	52.1	154	60.7
41	35.2	79	43.8	117	52.3	155	60.9
42	35.5	80	44.0	118	52.6	156	61.1
43	35.7	81	44.2	119	52.8	157	61.3
44	35.9	82	44.5	120	53.0		
45	36.1	83	44.7	121	53.2		

【参考文献】

1）伊藤　朗『図説・運動生理学入門――生理学の基礎からスポーツトレーニング・運動処方まで――』医歯薬出版株式会社，1991年
2）東京都立大学体育学研究室『日本人の体力標準値』（第4版）不昧堂出版，1989年
3）文部省『新体力テスト――有意義な活用のために――』ぎょうせい，2000年
4）（財）日本体育協会『アスレティックトレーナー専門科目テキスト――アスレティックトレーナー養成講習会教本』（第3版）（財）日本体育協会，2000年
5）池田義雄ほか『肥満・肥満症の指導マニュアル』医歯薬出版株式会社，1997年
6）朝山正己ほか『イラスト運動生理学』東京教学社，1995年
7）中村隆一ほか『運動学実習』（第2版）医歯薬出版株式会社，1989年
8）永田　晟ほか『健康・体力づくりハンドブック』大修館書店，1983年

まとめ

1. トレーニング効果やコンディショニングの判定などに，形態や体力の測定を行うことは重要となる。
2. 形態測定はマルチンの人体計測器，体重計およびメジャーにより測定できるが，定義されている計測点を正確に把握する必要がある。
3. スポーツ医・科学で頻繁に測定されている形態測定項目は以下の通りである。
   長育関係項目……身長，座高，上肢長，上腕長，前腕長，手長，下肢長など
   周育関係項目……腹囲，腰囲，胸囲，上腕囲，前腕囲，大腿囲，下腿囲など
   量育，幅育関係項目……体重，肩峰幅，胸幅，腸骨稜幅など
4. 体組成として体脂肪率を測定することは非常に重要であるが，皮脂厚法，インピーダンス法，水中体重法など，各々の測定法の長所と短所を確認し，使い分ける必要がある。
5. 体力測定とは身体的要素のうち，行動体力の機能を測定することである。
6. 体力測定を行う際には，安全面に十分注意しなければならない。
7. 最大酸素摂取量とは，1分間あたりに摂取できる酸素の最大値のことであり，全身持久力の指標としてもっとも重要な項目である。

● 重要語句集 ●

■ ア 行

語句	ページ
握力	124
アネロビック・パワー	128
痛み	46
一連の筋収縮の順序	45
一定の圧力	88
一定のリズム	88
ウィンゲートテスト	128
運動線は対角方向	46
栄養	1,2
エルゴメトリーテスト	128
遠位橈尺関節	71
遠位部	46,76
凹凸の法則	64,66
オーバーストレッチング	10

■ カ 行

語句	ページ
回旋	64
回旋運動	46
外転	64
外方滑り運動	75
下肢長	116
下腿囲	119
下方滑り運動	75
眼窩下縁	114
関節の静止状態	65
拮抗筋を促通	44
休養（回復）	1,2
胸囲	118
仰臥姿勢	124
胸幅	120
近位橈尺関節	70
近位部	76
筋紡錘	42
屈曲	64
計測点	114
茎突点	116
肩峰点	115
肩峰幅	119
後方滑り運動	72,74

語句	ページ
呼気ガス分析	129
固有受容器	41
ゴルジ腱器官	42
ころがり	64
コンディショニングの5本柱	1

■ サ 行

語句	ページ
最大酸素摂取量	128
最大努力	45
座高	114
左右のバランス	88
耳眼水平面	114
耳珠点	114
指先点	115
自転車エルゴメーター	129
尺骨側への滑り運動	72
シャトルランテスト	130
手長	116
主働筋を抑制	44
上肢長	115
上体おこし	124
踵点	116
上方滑り運動	75
上腕囲	118
上腕長	115
除脂肪	120
神経筋の促通	41
身体的な面	1,2
身長	114
伸張反射	8,44
伸展	64
随意運動	65
水中体重法	122
垂直跳び	126
推定最高脈拍	130
スタティック・ストレッチング	8
スピン	64
滑り	64
滑り方向	65
スライド	64

精神的な面	1,2
生理的運動	65
全身反応時間	125
前方滑り運動	72,74
前腕囲	118
前腕長	116
相対する1つの関節	65
足先点	117
足長	116

■タ 行

体脂肪率	120
体重	119
体組成	120
大腿囲	119
大腿骨頭	116
大転子	117
体力	123
多段階漸増負荷テスト	129
立ち幅跳び	126
恥骨結合上縁高	116
恥骨部	117
腸骨上棘高	116
腸骨稜	117
腸骨稜幅	120
長座体前屈	127
橈骨点	115
橈骨の滑り運動	72
トレッドミル	129

■ナ 行

内転	64
内方滑り運動	75

■ハ 行

バイオインピーダンス法	122
バリスティック・ストレッチング	8
反復横跳び	125
PNF	41
光刺激	125
皮脂厚法	120
フォース・プレート	126
腹囲	117
プラトー現象	5
防衛的な面	1,2

■マ 行

マルチンの人体計測器	112
モビリゼーション	63

■ヤ 行

腰囲	117

■ラ 行

RICE処置	102
立位体前屈	127
ロール	64
肋骨弓	117

■ワ 行

わだち	46
腕尺関節	70
腕橈関節	70

〈著者紹介〉　　執筆順，＊印編者

＊小柳磨毅（こやなぎ・まき）

　1962年生まれ
　1984年　国立療養所近畿中央病院附属リハビリテーション学院理学療法学科卒業
　1986年　関西大学社会学部社会学科卒業
　1996年　大阪教育大学大学院教育学研究科修士課程修了
　現　在　大阪電気通信大学医療福祉工学部理学療法学科教授
　　　　　大阪府立大学非常勤講師
　［主要著作］
　『理学療法ハンドブック ケーススタディー』（共著）協同医書出版社，1994年
　『図説理学療法技術ガイド』（共著）文光堂，1997年
　『NEW MOOK 整形外科　スポーツ傷害』（共著）金原出版，1998年
　『運動療法学　総論』（共著）医学書院，2001年
　『理学療法 MOOK9　スポーツ傷害の理学療法』（共著）三輪書店，2001年

武内信幸（たけうち・のぶゆき）　　第1, 3, 4章

　1967年生まれ
　1990年　大阪体育大学体育学部体育学科卒業
　現　在　コンディショニング・アドバイザー
　　　　　平成スポーツトレーナー専門学校学科長

田中利明（たなか・としあき）　　第2章

　1960年生まれ
　1983年　中京大学体育学部健康教育学科卒業
　2004年　放送大学大学院文化科学研究科修士課程修了
　2007年　大阪体育大学大学院スポーツ科学研究科後期博士課程満期退学
　2008年　博士（スポーツ科学）取得
　現　在　京都医健専門学校スポーツ科学科教員
　　　　　日本障害者スポーツ協会公認障害者上級スポーツ指導員
　　　　　全日本スキー連盟公認指導員
　　　　　日本体育協会公認スキー上級指導員
　　　　　日本レクリエーション協会公認レクリエーションコーディネーター
　　　　　日本キャンプ協会公認キャンプディレクター
　［主要著作］
　『リハビリテーションとレクリエーション援助』（共著）嵯峨野書院，1998年
　『運動指導者のための健康管理概論』（共著）杏林書院，2006年

前田為康（まえだ・ためやす）　　第5，6章
　　1968年生まれ
　　1990年　大阪学院大学商学部商学科卒業
　　1993年　東京衛生学園専門学校針灸科卒業
　　1994年　東京医療専門学校柔道整復科卒業
　　現　在　前田針灸接骨院院長
　　　　　　大阪大学医学部大学院神経機能形態学研究生在籍
　　　　　　ジャパンアスレチックトレーナーズ協会（JATAC）公認トレーナー
　　　　　　日本体育協会公認上級スポーツ指導員
　　　　　　大阪府警ラグビー部メディカルトレーナー
　　　　　　大阪桐蔭高校野球部メディカルトレーナー
　　　　　　全日本スキー連盟公認指導員兼ドクターパトロール
　　　　　　大阪ハイテクノロジー専門学校非常勤講師
　　　　　　大阪保健福祉専門学校非常勤講師
　　［主要著作］
　　『老年性痴呆症からの生還』（共著）現代書林，1994年
　　『東洋医学全書』（共著）現代書林，1996年
　　『おかあさんのための小児科 東洋医学』（共著）現代書林，1996年

鉄口宗弘（てつぐち・むねひろ）　　第7章
　　1970年生まれ
　　1992年　大阪教育大学教育学部教養学科スポーツコース卒業
　　1994年　大阪教育大学大学院修士課程教育学研究科体育生理学専攻修了
　　1998年　大阪市立大学大学院後期博士課程生活科学科栄養生理学専攻修了
　　1998年　博士（学術）取得
　　現　在　大阪教育大学教育学部准教授

コンディショニング〈やさしいスチューデントトレーナーシリーズ　8〉　≪検印省略≫

　2002年4月1日　第1版第1刷発行
　2004年9月20日　第1版第2刷発行
　2008年3月31日　第1版第3刷発行

　　　　　　　　　監　修　社団法人 メディカル・フィットネス協会
　　　　　　　　　編　者　小柳磨毅
　　　　　　　　　発行者　中村忠義

　　　　　　　　　発行所　嵯峨野書院
　　〒615-8045　京都市西京区牛ヶ瀬南ノ口町39　電話（075)391-7686　振替01020-8-40694

　　©　Medical Fitness Association, 2002　　　　　　創栄図書印刷・藤原製本

ISBN978-4-7823-0315-3

〈日本複写権センター委託出版物〉
本書の全部または一部を無断で複写複製（コピー）することは、著作権法上での例外を除き、禁じられています。本書からの複写を希望される場合は、日本複写権センター（03-3401-2382）にご連絡下さい。

やさしい スチューデント トレーナー シリーズ

1 スポーツ社会学
八木田恭輔 編
B5・並製・114頁・1995円（本体1900円）

- 第1章　社会体育の基本的な考え方
- 第2章　スポーツと社会
- 第3章　スポーツと文化
- 第4章　スポーツと組織活動
- 第5章　地域とスポーツ活動

2 スポーツ心理学
中雄　勇 編
B5・並製・180頁・2520円（本体2400円）

- 第1章　スポーツ心理学の内容
- 第2章　スポーツと認知・反応
- 第3章　スポーツ技能の学習
- 第4章　スポーツ技能の指導
- 第5章　スポーツの動機づけ
- 第6章　スポーツと発達
- 第7章　スポーツ集団の構造と機能
- 第8章　スポーツマンの性格と態度
- 第9章　スポーツの心理的効果
- 第10章　スポーツ・カウンセリング
- 第11章　スポーツコーチの仕事

3 スポーツ生理学
三村寛一 編
B5・並製・134頁・2310円（本体2200円）

- 第1章　身体の構造
- 第2章　身体の機能
- 第3章　スポーツトレーニング
- 第4章　トレーニングに伴う効果
- 第5章　バイオメカニクス
- 第6章　筋力トレーニングの基礎
- 第7章　トレーニング環境の整備とその活用について
- 第8章　ナショナルトレーニングチームづくりとその競技力アップトレーニング計画
- 第9章　海外遠征の諸問題とその対応

4 スポーツ医学
藤本繁夫・大久保　衞 編
B5・並製・186頁・2625円（本体2500円）

- 第1章　スポーツと健康
- 第2章　スポーツ選手の健康管理
- 第3章　スポーツによる内科的な障害
- 第4章　特殊環境下でのスポーツ障害とその予防
- 第5章　スポーツ選手におこりやすい外傷・障害とその予防
- 第6章　スポーツ外傷・障害後のトレーニング
- 第7章　コンディショニング
- 第8章　遠征でのスポーツ医学
- 第9章　スポーツと嗜好品，サプリメント，薬物
- 第10章　救急処置

5 スポーツ栄養学
奥田豊子 編
B5・並製・152頁・2520円（本体2400円）

- 第1章　健康と栄養
- 第2章　食品・栄養と運動
- 第3章　栄養素の消化・吸収
- 第4章　エネルギー代謝
- 第5章　栄養所要量
- 第6章　身体組織，肥満とウエイトコントロール
- 第7章　スポーツのための食事学
- 第8章　水分補給と補助食品

6 スポーツ指導論
三村寛一 編
B5・並製・136頁・2205円（本体2100円）

- 第1章　スポーツ指導の意義と目標
- 第2章　トレーニング計画とその様式
- 第3章　指導段階とその設定
- 第4章　指導形態と適正人数
- 第5章　指導施設の選択と用具の準備
- 第6章　指導計画作成の実際

7 アスレティック・リハビリテーション
小柳磨毅 編
B5・並製・216頁・2993円（本体2850円）

- 第1章　アスレティック・リハビリテーション総論
- 第2章　部位・疾患別リハビリテーション
- 第3章　種目特性とリハビリテーション

8 コンディショニング
小柳磨毅 編
B5・並製・148頁・2415円（本体2300円）

- 第1章　コンディショニング
- 第2章　ストレッチングの実際
- 第3章　PNFの実際
- 第4章　関節モビリゼーションの実際
- 第5章　スポーツマッサージの実際
- 第6章　アイシングの実際
- 第7章　コンディショニングのための測定法

9 テーピング
髙木信良 編
B5・並製・112頁・2310円（本体2200円）

- 第1章　テーピングとは
- 第2章　テーピングを実施する前に
- 第3章　テーピングの基本テクニック
- 第4章　基本となる巻き方
- 第5章　応急手当のテーピング
- 第6章　再発予防のテーピング